Karl Walker

GELD

in der
Geschichte

Karl Walker

GELD

in der
Geschichte

Diese Ausgabe enthält den vollständigen Text der 1959
im Rudolf Zitzmann Verlag, Lauf bei Nürnberg, erschienenen Erstausgabe
(ohne Tafeln, Textabbildungen, Bildlegenden
und -verweise).

Umschlag: André Nikol, Hamburg
Titelabbildung: akg-images / Erich Lessing
Druck: CPI Moravia Books s.r.o.
Printed in the Czech Republic
ISBN: 978-3-86820-379-0

www.nikol-verlag.de

»Geld ist nicht alles, aber ohne Geld ist alles nichts.«

INHALT

VOM MÜNZWESEN DER GRIECHEN

Es gibt in der Geschichte der Menschheit keine hochentwickelte Kultur, die nicht auf einer ebenso hochentwickelten Arbeitsteilung beruht hätte. Erst die Arbeitsteilung ermöglicht es nämlich, über die Bedürfnisse des nächsten Tages hinaus den Geist frei zu machen, um Größeres und Bleibendes zu bilden. Arbeitsteilung erfordert indessen den Austausch von Leistungen, im fortgeschrittenen Stadium einen entwickelten Handel.

In ältesten Zeiten mag der Handel aus dem Darbringen von Geschenken und der Entgegennahme von Gegengeschenken entstanden sein, wie es unter Naturvölkern und Kindern heute noch ist. Der wahre Charakter dieses »Schenkens« zeigt sich aber schon in dem ungeschriebenen Gesetz, gleichwertige Gaben zu tauschen. Daß Glaukus seinem Gast Diomedes eine goldene Rüstung schenkte und eine eherne dafür empfing, wird vom Dichter der Ilias mit dem Tadel vermerkt, daß Zeus ihn »ganz und gar seiner Sinne beraubt« habe.

Im übrigen aber schien sich dieser Handel im Altertum in geradezu vorbildlicher Noblesse abzuwickeln. So schreibt Herodot von den Berichten der Karthager: »… es wäre auch noch libysches Land und Menschen darin jenseits der Säulen des Herakles (= Meerenge von Gibraltar). Wenn sie dahin kämen, lüden sie ihre Waren aus, dann gingen sie wieder in ihre Schiffe und machten einen großen Rauch. Wenn nun die Eingeborenen den Rauch sähen, so kämen sie an das Meer und legten für die Waren Gold hin, und dann gingen sie wieder weit weg von den Waren, die Karthager aber gingen an das Land und sähen nach, und wenn des Goldes genug wäre für die Waren, so nähmen sie es und führen nach Hause; wäre es aber nicht genug, so gingen sie wieder an Bord und warteten es ruhig ab. Dann kämen sie wieder und legten noch immer etwas Gold zu, bis die Karthager zufrieden wären. Keiner aber betrüge den anderen, denn sie rührten weder das Gold eher, als bis die Waren damit bezahlt wären, noch rührten jene eher die Waren an, als bis sie das Gold genommen« (s. R. Eisler: »Das Geld«, S. 49).

Dies mag noch echter Tauschhandel gewesen sein. Wohl ist vom Golde die Rede, aber noch nicht vom Geld im späteren Sinn dieses Wortes.

Mannigfache Erzeugnisse in natura gleichwertig zu tauschen ist eine unlösbare Aufgabe. Da die Aufgabe aber einem Bedürfnis entspricht und somit doch vernünftig ist, muß es auch eine vernünftige Lösung geben. Diese Lösung fand und entwickelte der Mensch in dem merkwürdigen Ding, das er »Geld« nennt. Seit den ältesten Zeiten haben mancherlei Dinge als Geld gedient, von denen wir viele heute nicht mehr als Geld betrachten können; Vieh, Muscheln, Häute, Sklaven und Metalle aller Art wurden zeitweise nicht wegen ihrer unmittelbaren Verwendbarkeit, sondern wegen der Möglichkeit des Weitertauschens gegen die wirklich begehrten Dinge angenommen. Damit wurden sie zu einem Zwischenglied im Handel, das den Tausch vermittelt, zum Gelde. Daß in dieser Entwicklung die Edelmetalle sehr bald den Vorrang einnahmen, versteht sich von selbst. Schon bei den Assyrern und Ägyptern war das gestückelte Hacksilber bekannt, das nichts weiter war als ein Stück von dem Gußkuchen des geschmolzenen und in Wasser gegossenen Metalls. Von hier aus führte ein gerader Weg zur gleichbleibenden Stückelung; Stangen, Ringe, Barren, gestempelte Barren, geprägte Münzen folgten.

In der Geschichte des Münzwesens gelten die Lydier als die Erfinder der Münze. Ihre Münzen bestanden aus einer Legierung von Gold und Silber. Der außerordentlich ergiebige Goldbergbau der Lydier war ja auch die Grundlage für den sagenhaften Reichtum jenes Königs Krösus, der im 6. Jahrhundert vor Christus lebte, damals aber bereits ein hochentwickeltes Geldsystem in seinem Lande hatte*.

Wo immer das Geld erstmalig auftrat, erwachten wie nach einer zauberhaften Berührung die schlummernden Kräfte des Neuen, taten sich ungeahnte Quellen der Wohlfahrt und des Reichtums auf,

---

* Die bei antiken Münzen vorkommende Gold-Silber-Legierung nennt man auch »Elektron«; nicht zu verwechseln mit dem modernen Leichtmetall Elektron.

Handwerk und Künste entwickelten sich, und der Mensch erhob sich über die Bedürfnisse des Alltags und machte sich an Werke, die Generationen überdauerten. Wo aber das Geld wieder verschwand, da zerfiel der Bau der Kultur, weil das Fundament der Arbeitsteilung sich auflöste.

Um die Mitte des 7. Jahrhunderts v. Chr. wurden auf der Insel Mykene die ersten Münzen Griechenlands geprägt. Jetzt brauchte das Silber des Händlers nicht mehr geprüft und gewogen zu werden, jetzt konnte man fertig geprägte Stücke zählen und damit rechnen.

Vor dieser Zeit war auch in Griechenland das Vieh das gebräuchlichste Tauschmittel »Geld«. In den Gedichten Homers ist die Münze noch unbekannt, weshalb alle Werte immer am Rind gemessen werden – die goldene Rüstung des Glaukos ist 100 Rinder wert; und Laertes bezahlt Eurikleia mit 20 Rindern (s. F. Müller-Lyer: »Phasen der Kultur«, München 1929, S. 250ff.). Töchter waren zu diesen Zeiten wertvoll, weil sie Rinder einbrachten, wenn sie einen Mann fanden; Söhne dagegen machten Kosten.

Durch die Erfindung des Geldes wurde der Handel erleichtert, und dieser Erleichterung des Handels ist die Entfaltung der gewerblichen Produktion Griechenlands zuzuschreiben; mit den Impulsen, die sich aus dem aufblühenden Handel ergaben, wurden Handwerk, Künste und Wissenschaft machtvoll gefördert.

Jeder besser gestellte Handwerker in Athen oder Korinth beschäftigte unfreie Arbeiter, Sklaven, in seiner Werkstätte; auch war es durchaus nichts Ungewöhnliches, daß ein Vermögender einem Sklaven einen Gewerbebetrieb oder ein Handelsgeschäft übergab, worin dieser selbständig für den Gewinn des Herrn arbeitete und Handel trieb. So besaß der Vater des Demosthenes eine Messerschmiede und eine Stuhlfabrik mit zusammen mehr als 50 Arbeitern, und an diesem Unternehmen verdiente er so viel Geld, daß er 40 Talent Silber oder fast 200 000 Goldmark hinterlassen konnte. Kleon betrieb eine Gerberei, Hyperbolos eine Lampenfabrik. Es ist einleuchtend, daß eine derartige Produktion sowohl einen aufnahmefähigen inneren Markt wie auch ein in die Ferne reichendes Netz von Handelsverbindungen zur Vorbedingung hatte. Aber die Völker des Altertums saßen ja nach einem Wort von Herodot »wie die Frösche um den Teich« an den Küsten des Mittelmeeres, das diesen Handel von Natur aus begünstigte. Und dieser Handel mit anderen Völkern entwickelte überall noch spezielle Produktionszweige. Milet, Kios und Samos fertigten Wollstoffe, Teppiche und kostbare Gewänder. Chalkis und Korinth exportierten Waffen, Tongeschirr und Geschmeide. In Theben und Sizilien saßen die besten Wagenbauer, und Ägina lieferte Klein- und Galanteriewaren.

In bezug auf die rechnerische Einteilung im Münzwesen war den Griechen die geheimnisvolle Zahl 12 – die selbst in der Ordnung des Kosmos ihre Bedeutung zu haben scheint – richtungweisend, während die semitischen Handelsvölker mit dem Dezimalsystem rechneten. Der griechische Silberstater zählte 12 Obolen; der Obolos war die kleinste Münze. Eine Zwischengröße stellte die Drachme dar, die wohl die gebräuchliche Münze für den alltäglichen Marktverkehr gewesen sein dürfte; diese Münze hatte den Wert von 6 Obolen. Neben dem Silberstater gab es auch Goldstater. Den Handelsgeschäften der Großkaufleute diente die Mine, die den Wert – d. h. das Silbergewicht – von 60 Drachmen hatte, als gebräuchliche Münze; 60 Minen waren ein Talent*.

Dem Einfluß der Phönizier und Syrier zufolge soll die Mine später auf 100 Drachmen gesetzt worden sein; doch im übrigen blieb es bei der Einteilung im Zwölfersystem, in dem die Zahl 60 – die sich in jede Zahl von 1 bis 6 ohne Rest teilen läßt – dominierende Bedeutung behielt. Nach heutigen Begriffen muß die Kaufkraft des damaligen Geldes der Griechen außerordentlich hoch gewesen sein. In Athen verwandelte Solon die drakonischen Strafen, die bis zu seiner Zeit (640–559 v. Chr.) in Schafen und Rindern entrichtet werden mußten, in Geldstrafen, wobei er das Schaf mit 1 Drachme, das Rind

---

* Drachme bedeutet griechisch »das Gefaßte« und betraf ursprünglich eine Gewichts- und dann eine Rechnungseinheit. Gewichts- und Wertunterschiede wurden in Teilen oder im Mehrfachen der Drachme dargestellt; die doppelte Drachme war das »Didrachmon«, die Vierfachdrachme hieß »Tetradrachmon«, eine selten geprägte Münze war die achtfache Drachme, das »Oktodrachmon«, wohingegen die Dekadrachme als das Zehnfache der Grundeinheit wieder häufiger vorkam.

mit 5 Drachmen ansetzte. Kein Wunder, daß sich das neue Geld, in welchem sich Besitz und Reichtum in beweglichster Form konzentrierten, allgemeiner Wertschätzung erfreute.

Es ist die Lichtseite des zunehmenden Reichtums, daß sich eine wachsende Zahl von Menschen der Kunst und Wissenschaft zuwenden konnte und so aus der Masse des Volkes viele hervorragende Begabungen heraustraten.

Aber die Geldwirtschaft hatte auch eine Schattenseite; mit den Diensten, die das Geld dem Menschen leistete, verstrickte es ihn auch mehr und mehr in Abhängigkeit. Je weiter wir uns in die Spezialisierung der Gewerbetätigkeit hineinwagen, desto bedingungsloser sind wir auf die Vermittlung des Leistungsaustausches durch das Geld angewiesen, und desto tiefer ist denn auch unser Sturz, wenn das Geld einmal seine Dienste versagt.

Schon war es soweit, daß auch die Kriegführung vom Gelde abhing. Im Krieg gegen die Phönizier ließ Damarete, die Gemahlin Gelons, aus ihrem Silberschmuck Münzen schlagen, und die reichen Bürgerinnen von Syrakus folgten ihrem Beispiel. Und auch nach dem erfochtenen Sieg führte sie den kostbaren Tribut im Werte von 100 Talenten, den ihr Karthago für die milde Behandlung der Gefangenen darbrachte, der Münzprägung zu. Daraus entstanden die prachtvollen Dekadrachmen, die im Spiegel des Münzwesens einen klaren Widerschein von der hohen Kultur Griechenlands geben (s. »Die schönsten Griechenmünzen Siziliens«, Insel-Bücherei Nr. 559).

Die Griechen müßten keine Menschen gewesen sein, wenn sie durch ihren Aufstieg nicht übermütig und maßlos geworden wären. Da man für Geld alle Schätze der Welt, die schönsten Gewänder und die erlesensten Genüsse kaufen konnte, wurde der naive Mensch dieser frühen Kultur geradezu von einer Gier nach Geld erfaßt. Die griechischen Bauern verkauften ihre Ernte, entblößten sich aller Vorräte, nur um Geld zu bekommen; es begann die Verschuldung des Bodens. »Die Pfandsteine fesselten zahllos der Mutter Erde dunkelfarbig Land«, hören wir Solon klagen. Für Gelddarlehen mußten 36 Prozent und mehr Zinsen gezahlt werden. Es begann ein sozialer Verfall; wer einmal in Not geraten war, versank rasch in Schuldknechtschaft und Sklaverei, während auf der anderen Seite der Reichtum sich steigerte.

Bald drängte sich in den Städten verarmtes Volk, das auf Kosten der Staatskasse mit Getreidelieferungen ernährt und mit Theater ergötzt werden mußte. Soziale Wirren und Aufstände wurden häufiger. Zweimal in einem einzigen Menschenalter wurden in Syrakus die Reichen niedergemetzelt, der Besitz neu verteilt und die Schuldscheine verbrannt. Doch solche Aktionen änderten nichts an dem in Gang gekommenen Prozeß der finanziellen Auszehrung Griechenlands. Die Getreideeinfuhr für die Armen und die Luxusbedürfnisse der Reichen bewirkten zusammen einen anhaltenden Abfluß des Geldes. Um die Mitte des 5. Jahrhunderts v. Chr. war die attische Tetradrachme die gängigste Silbermünze der damaligen Welt; ebenso wurden in dieser Zeit in Athen noch Goldmünzen geprägt. Aber das Brotgetreide kam aus Ägypten und kostete Geld, und auch die Kriegsheere kosteten Geld; und der soziale Verfall zerstörte den inneren Markt, während der Außenhandel passiv wurde und unaufhörlich silberne Drachmen und goldene Stater auf Nimmerwiedersehen verschlang.

Nach dem traurigen Ausgang des Peloponnesischen Krieges ließ die neue oligarchische Regierung Athens 1500 seiner reichsten Bürger hinrichten und deren Vermögen konfiszieren, um Geld in die Staatskasse zu bekommen. Aber das Ergebnis war enttäuschend; der Grundbesitz dieser Reichen ließ sich nicht veräußern, weil niemand mehr da war, der Geld hatte. Und wer würde es auch gewagt haben, zu zeigen, daß er noch Geld hat, wenn er damit rechnen muß, zu den Reichen gezählt zu werden, die ihres Reichtums wegen des Todes würdig sind? – So wirkten zwei Ursachen zusammen, das Geld vom Markt zu fegen:

Einesteils der tatsächliche Geldabfluß an die Händler aus den fernen Ländern, die das Brotgetreide für das Volk wie auch die Spezereien und den Luxus für die Vermögenden lieferten; und anderenteils die spekulative Erwartung und die ängstliche Sorge, daß das Geld noch knapper und, am allgemeinen Begehren gemessen, noch kostbarer werden würde. Immer schon wurde ein Ding just in dem

Moment, in dem es am dringlichsten begehrt wird, in auffälliger Weise knapp – weil eben Knappheit den Wert noch steigert.

Für den Markt und den Handel, der auf das Rollen des Geldes angewiesen war, bedeutete das Versiegen der Geldzirkulation eine verheerende Drosselung der Geschäfte. Die Auflösung der Arbeitsteilung war unabwendbar. Längst waren die Tempelschätze angegriffen; der Schatz von Delphi wird auf mehr als 50 Millionen Goldmark geschätzt – in damaliger Kaufkraft eine gewaltige Summe.

Aber der unaufhörliche Abfluß des Geldes – den man damals noch nicht statistisch registrieren und erst recht nicht in seinen Auswirkungen abschätzen konnte – brachte Handel und Wandel zum Erliegen. Die Landwirtschaft war schon zerstört; und jetzt kam der Niedergang auch über Handel und Gewerbe. Ist es verwunderlich, wenn ein Volk, das sich von der Höhe einer entwickelten Arbeitsteilung und Marktwirtschaft wieder in die Niederungen urbäuerlicher Hauswirtschaft zurückgestoßen sieht, nichts Großes mehr zu schaffen vermag?

Es mag tragisch sein, aber es ist der Lauf der Welt, daß die Einsichten der Weisen so oft ungehört oder unverstanden verhallen. »Ehret Lykurg«, ruft Pythagoras aus, »denn er ächtete das Gold, die Ursache aller Verbrechen!« – Lykurg hatte als einziger Gesetzgeber Griechenlands den Versuch gemacht, seinen Staat Sparta aus der Abhängigkeit vom Golde herauszuhalten; das Geld Spartas war aus Eisen, das in Essig gehärtet war. Doch über die Verflechtung in den allgemeinen Handel war Sparta dennoch in die allgemeine Abhängigkeit verkettet. Der Verfall der Geldordnung zerstörte die hohe Blüte der griechischen Kultur.

Nach nur wenigen Generationen standen armselige Ziegenhirten verständnislos vor den Tempeln ihrer großen Vergangenheit und brachen Steine heraus, um ihre kümmerlichen Behausungen damit auszubauen. Sie lebten wieder in Naturalwirtschaft.

ZUR GELDWIRTSCHAFT DER RÖMER

Von den Griechen hatten die Römer das Metallgeld kennengelernt. Ursprünglich war das Rind ihr gangbarstes Tauschmittel. Als sie dann um 600 v. Chr. die ersten Bronzemünzen prägten, mußten die Münzen noch das Bildnis des Rindes tragen, um den Geldzweck des geprägten Metalles deutlich zu machen. Sogar der Name des Viehgeldes ging auf das neue Tauschmittel über und blieb an ihm haften: Pecus = pecunia.

Rom war ein gelehriger Schüler in Geldwirtschaft, Arbeitsteilung und Handel; Rom lernte von den Griechen, von den Phöniziern und von Karthago. Aber das Gemisch der Völkerschaften, das sich an den gewinnbringenden Küstenstrichen der italienischen Halbinsel seßhaft zu machen trachtete, war unruhig und unberechenbar. So wurden die Römer ein Kriegsvolk. Sie unterwarfen die besiegten Stämme, die etruskischen Stadtstaaten und schließlich auch die griechischen Küstenstädte Süditaliens. Aber selbst zu der Zeit, da die römische Herrschaft über Unteritalien gesichert war und der Entscheidungskampf mit Karthago begann, war Rom noch das in seiner Zivilisation erst in den Anfängen steckende Bauernvolk mit Kupferwährung und naturalwirtschaftlicher Versorgung des Staates. Noch war nicht zu erkennen, daß hier einmal eine weltbeherrschende neue Kultur entstehen würde.

Wenn die Entwicklung Roms in der Folgezeit einen fast treibhausartigen Fortschritt nahm, so lag das wesentlich daran, daß der Krieg rascher als der friedliche Handel die Zaubermacht des Geldes ins Land brachte. Schon nach der Eroberung von Tarent konnte Rom im Jahre 269 v. Chr. aus erbeuteten Kriegsschätzen Silbermünzen prägen; und 62 Jahre später folgten schon die ersten römischen Goldmünzen. In den Jahren 202 bis 190 v. Chr. brachten die Friedensverträge mit Karthago, Syrien und Makedonien allein 150 Millionen Goldmark Kriegstribute nach Rom. Da das Geld im Altertum eine viel höhere Kaufkraft hatte, entspricht diese Summe etwa dem Realwert von jenen 4 Milliarden Goldmark, die Frankreich nach dem siebziger Krieg an Deutschland zu zahlen hatte! Dieser für das damalige Rom gewaltige Zustrom von Edelmetall erlaubte eine rasche Entfaltung der Geldwirtschaft.

Bei den Römern war bis zur Prägung von Silbergeld der As – aus einer Gewichtseinheit hervorgegangen – die hauptsächlichste Münze. Mit der Einführung des Silbergeldes fiel dann aber das Übergewicht dem Denarius zu. Der römische Denarius war noch eine verhältnismäßig gewichtige Silbermünze; aus einem Pfund Feinsilber wurden 84 Denare geprägt; das römische Pfund ist mit 370 g anzusetzen. Der Denar hatte in seiner Unterteilung 4 Sestertii zu je 4 As. Die Unterteilung des As ergab 12 Unciae = Unzen. Wie bei den Griechen sehen wir auch hier bei den Römern, daß die Zahl 12 mit ihrer Unterteilung in Halbe und Viertel wie auch mit ihrem Mehrfachen (= 84 Denare aus 370 g Silber) eine bedeutende Rolle spielte.*

Die wichtigste Kleinmünze war aber doch der Sestertius; mit dieser Münze wurde auf den Märkten und in den Haushaltungen der Römer am meisten gerechnet, während die größeren Kaufleute mit dem Denar und mit dem Talent rechneten. Später, als Rom bereits Goldmünzen prägen konnte, war der Aureus im Werte von 25 Denarii oder 100 Sesterzien ein Vierzigstel Pfund Gold. Diese Goldmünze, die im Laufe der Zeit minderwertiger ausgeprägt worden war, wurde dann von Konstantin im Jahre 313 n. Chr. durch den Solidus ersetzt.

Da die römischen Kaiser, deren Bildnisse auf den Münzen waren, zu Zeiten Christi und auch später noch im Sinne des heidnisch-römischen Weltbildes als Götter galten, war die römische Münze für die dem Römerreich unterworfenen jüdischen Provinzen nicht zuletzt auch ein religiöses Ärgernis. Von den Essenern, die nach dem heutigen Stand der Religionsforschung eine der klösterlich streng

---

* Was die Kaufkraft des römischen Geldes anbelangt, so erhielt man um die Zeit der Geburt Christi in einer Herberge für 1 Denar Verpflegung und Nachtlager für 16 Tage; und um 20 n. Chr. kostete der Eintritt in eines der prächtigen römischen Bäder für Frauen 1 As, für Männer sogar nur 3 Unciae (= 3 Unzen, ¼ As); s. Menzner-Florken, »Kaufkraft und Zeitgeschehen«, Verlag Arbogast, Otterbach 1958.

lebenden Qumran-Gemeinde nahestehende Ordensgemeinschaft waren, berichtet Bischof Hippolyt von Portus, daß sie kein Geld bei sich tragen durften. Da nun mancherlei Gründe die Annahme rechtfertigen, daß Jesus von Nazareth vor seinem messianischen Wirken bereits durch die Gemeinschaft der Essener hindurchgegangen ist, bzw. in ihr sich vorbereitet hat und ihr angehörte, wird uns die biblische Szene vom Zinsgroschen in einem neuen Licht lebendig und klar:

Die Pharisäer hatten beschlossen, dem unbequemen Nazarener einen Fallstrick zu legen; dazu sandten sie ihre Kreaturen samt einigen Leuten des römischen Statthalters Herodes zu ihm und ließen ihn fragen: »Meister, wir wissen, daß du ohne Falsch bist und den Weg Gottes mit Wahrhaftigkeit lehrst und nach niemanden fragst, denn du siehst nicht auf das Gesicht der Menschen. Sage uns nun, was dich dünkt: Ist es erlaubt, dem Kaiser den Census zu zahlen oder nicht?« Doch Jesus merkte ihre Bosheit und sprach: »Was versucht ihr mich, ihr Heuchler? Zeigt mir die Steuermünze.« Und sie brachten ihm einen Denar. Und er sagte zu ihnen: »Wessen ist das Bild und die Aufschrift?« Sie sagten: »Des Kaisers.« Da sprach er zu ihnen: »So gebt dem Kaiser, was des Kaisers ist, und Gott, was Gottes ist« (Matth. 22.15–22).

Die Lebenszeit Christi fiel in die Regierungsepoche des Augustus und seines Nachfolgers Tiberius. Der berichtete Vorgang gilt, wie ihn die Bibel schildert, in der Religionsgeschichte als historisch verbürgt. Er zeigt uns, daß es ganz offensichtlich eine Streitfrage zwischen den strenggläubigen Juden einerseits und den der realen Macht gefügig gewordenen Opportunisten andererseits geworden war, ob sich der Umgang mit dem römischen Geld noch mit dem Glauben der Väter und mit dem Gesetz Gottes vertrage. Jesus von Nazareth aber hat in Übereinstimmung mit der Ordensregel der Essener kein Geld mit dem Bildnis des römischen Götzen bei sich getragen; er ließ es sich erst vorlegen, als ihm die verfängliche Frage gestellt wurde (s. auch R. Eisler: »Das Geld«, S. 152 ff.).

Von Caligula, der wenige Jahre nach dem Kreuzestod Christi römischer Kaiser wurde und im Jahre 41 auf Grund seiner Grausamkeiten und seines Cäsarenwahns dem Mord verfiel, berichtet die Geschichte, daß er ein Standbild seiner Person von der römischen Truppe zur Anbetung durch die unterworfenen Völker habe nach Palästina tragen lassen. Die jüdische Bevölkerung übte indessen passive Resistenz; zu Tausenden sperrten die Juden den Weg und verweigerten dem Kaiser die göttliche Ehrung. Es ist naheliegend, daß auch die Münzen Caligulas den Juden ein Ärgernis gewesen sein dürften. Doch das hatte keinen Einfluß auf die große wirtschaftliche Bedeutung des römischen Geldwesens.

Der römische Goldsolidus und der Denarius als Silbermünze haben sich bis in die Zeit der Völkerwanderung hinein gehalten, und der Dienst, den das geordnete Geldwesen der Entfaltung von Wirtschaft und Kultur zu leisten vermochte, kann auch in der Geschichte Roms nicht hoch genug veranschlagt werden.

Kundige Hände für mannigfache Gewerbe der arbeitsteiligen Wirtschaft fanden sich auf den Sklavenmärkten, die ihren Auftrieb auch aus dem Niedergang Griechenlands bekamen. Jetzt, wo Geld und arbeitsgeübte Hände vorhanden waren, ließ die organisatorische Begabung der Römer Städte und Prachtbauten entstehen; Straßen und Brücken, wie sie erst das 19. Jahrhundert wieder erreichte, Paläste, Theater und Bäder wurden gebaut, Wasserleitungen, die jahrhundertelang bewundert wurden und noch als Ruinen von ihrer einstigen Großartigkeit zeugen.

Da die Römer im Gegensatz zu der früheren Kriegführung der Griechen die unterworfenen Völker mit einer gewissen klugen Mäßigung behandelten, vermochten sie es auch, das Eroberte zu halten. Rom war einstmals nur halb so groß wie Attika und umfaßte etwa 1000 km² Land; zu Beginn des christlichen Zeitalters aber herrschte Rom über 54 Millionen und war mit 3,3 Millionen km² Land sechsmal so groß wie das Deutsche Reich vor dem Ersten Weltkrieg!

Der Hauptstadt dieses gewaltigen Reiches standen alle Güter einer weltweiten Arbeitsteilung zu Diensten. Da gab es den Bernstein des Nordens, indische Perlen und Edelsteine, arabischen Purpur und Wohlgerüche, spanische Wolle, ägyptisches Linnen, griechische Weine, afrikanisches Öl, chinesische Seide, britannische Austern, Pelzwerk vom Don usw. Und wenn es auch richtig ist, daß Rom nicht ohne Kriege groß geworden ist, so hat doch andererseits die Kaiserzeit dem römischen Weltreich die längste Friedenszeit gebracht, die die Welt je gesehen hat. In seinem Werk »Kulturen, Völker und Staaten vom Urbeginn bis heute« weist Hugo Rachel auf diese beachtenswerte Tatsache hin und schreibt:

»Von 31 v. Chr. bis 235 n. Chr. sind die um das Mittelmeer gelagerten Länder von Kriegen und Unruhen kaum berührt worden; Kämpfe spielten sich nur an den Grenzen ab, allein die Thronfolgekrise von 68/69 und die Aufstände in Gallien und Judäa, 69/71, unterbrachen diese glücklichste Zeit der Menschheit. Im Gegensatz zur Verwilderung der späteren republikanischen Zeit bestand trotz aller Mängel ein gerechtes, humanes, auf das Wohl des gesamten Reiches bedachtes Regiment. Die materielle Kultur blühte außerordentlich und wuchs an Umfang; ein reger und gesicherter Verkehr, ein allgemeiner geistiger und kommerzieller Austausch umspannte die ganze römische Welt; Münze, Maß und Gewicht, Zeitrechnung (durch Cäsar neu geordnet) und Recht waren einheitlich geregelt.«

Es ist einleuchtend, daß sich in dieser Zeit alles entfalten konnte, was aus Arbeitsteilung, Leistungsaustausch und Weltverkehr damals schon möglich war. Aber nichts von all dem, was heute noch von der Größe Roms zeugt, konnte ohne die wunderwirkende Kraft des Geldes entstehen.

Dennoch wäre es eine Täuschung, wenn wir glauben wollten, daß Rom seine Geldwirtschaft bewußt und mit Klugheit zum Wohl des Staates betrieben und allezeit richtig gehandelt hätte. Aber in Erinnerung an unsere eigenen Erfahrungen aus der modernen Zeit wundern wir uns nicht darüber, daß schon Rom in der Notlage seiner Kriege zu der damals möglichen Form von Inflationspolitik – nämlich zu Münzverschlechterungen – seine Zuflucht nahm. Bereits während der Punischen Kriege wurde das Gewicht des römischen Silberdenars herabgesetzt, um mehr Denare prägen zu können. Die Söldnertruppen erforderten Geld für die Löhnung; und die Römer schritten zu Notprägungen von Goldmünzen aus dem Tempelschatz des Jupiter. Den Schatz ersetzten sie durch vergoldetes Blei, denn in diesem Punkt waren sie der Ansicht – die ja wohl auch in späterer Zeit und unter anderen Religionen nicht ganz untergegangen sein soll –, bei religiösen Dingen genüge die Wahrung des Scheins.

Um 91 v. Chr. setzte der Volkstribun Livius Drusus einen Senatsbeschluß durch, demzufolge jeweils eine von 8 Münzen minderwertig »gefüttert« sein sollte, innen Kupfer, außen Silber. In jener Zeit war der Geldwert so unsicher, daß – wie Cicero schrieb – niemand wissen konnte, was er besaß. Einige Jahre später wollte Marius Gratidian wieder gesunde Verhältnisse schaffen und den Versuch der Zahlung mit schlechter Münze unter Strafe stellen. Dafür wurde er erst verherrlicht und dann auf den Befehl von Sulla hingerichtet. Die Münzverschlechterung wurde weiter betrieben.

Freilich gab es dann auch wieder Zeiten, in denen die Eroberungen neue Edelmetallbestände ins Land brachten und eine Besserung des Münzwesens ermöglichten. So brachte die Eroberung der reichen syrischen Handelsstadt Palmyra, zwischen Damaskus und dem mittleren Euphrat gelegen, den Römern gewaltige Schätze ein. Heute noch zeugen riesige Ruinen, Baalstempel, Säulenstraßen, Theater von der einstigen Größe dieser von den Eroberern zerstörten Stadt; Palmyra war ja der Mittelpunkt eines Handelsstaates, der sich in seiner Blütezeit bis weit nach Ägypten und Kleinasien hinein erstreckte.

Soweit die eroberten Provinzen, die ihre Edelmetallbestände an das übermütige Rom abgeliefert hatten, in der Not des Landes selber zu Münzverschlechterungen ihre Zuflucht nahmen, stellten sich auch im Altertum schon Zustände ein, die uns ziemlich vertraut anmuten. Ägypten war zur Zeit des Soldatenkaisers Diokletian (284 bis 305) römische Provinz. Diokletian hatte sich eine großartige Neuordnung des gewaltigen Reiches zum Ziel gesetzt. Vieles hat sein unbeugsamer Wille auch tatsächlich erreicht. Nur das Geld wollte sich nicht fügen; doch darüber dürften wir nur lächeln, wenn unsere Zeit nicht genau so töricht gehandelt hätte wie dieser römische Kaiser, der die durch Geldvermehrung und schlechte Kupfermünze zustandegekommene Zerrüttung des Geldwesens mit Höchstpreis-Verordnungen und Todesstrafe kurieren wollte. Während aber in Rom die

Metze Gerste immerhin nur 100 Denare kostete und ein Pfund Fleisch 8–10 Denare, war die Entwertung des Geldes in den Provinzen bald beträchtlich weiter fortgeschritten. Prof. Eisler stellte aus ägyptischen Papyrusfunden eine aufschlußreiche Übersicht zusammen:

»Im Jahre 255 n. Chr. kostete in Ägypten eine Metze Weizen von 29,18 Liter 16 Drachmen, 314 n. Chr. kostete sie 10 000 Drachmen. Ein Haus, das im Jahre 267 n. Chr. 2000 Drachmen kostete, konnte 40 Jahre später darauf eine Grundpfandschuld von 3 840 000 Drachmen aufnehmen. 3 Kilo Fleisch kosteten damals 8000 Drachmen, ein Rehschlegel 50 000, 4 Hühner 30 000, ½ Liter Wein 12 000 bis 26 000 Drachmen. Entsprechend vollzog sich ein Steigen der Löhne und Gehälter. Im Jahre 304 n. Chr. erhielten Erdarbeiter und Ziegelverlader 400 bis 500 Drachmen täglich. Schreiber erhielten bei freier Kost 3000 Drachmen monatlich, ein Reitknecht 3500, ein Mauseelknecht 6000, ein Lehrer 6000 Drachmen« (s. R. Eisler: »Das Geld«, S. 173).

Wer den Grund seiner Wohlfahrt in den Tagen des Glückes nicht erkennt, der lernt ihn erkennen, wenn er verloren ist. Wie einstmals in Athen Verschwendung, Luxus und Müßiggang den Verfall einleiteten, so auch in Rom. Auch hier entwickelte sich die Jagd nach dem Reichtum in gleicher Art. Der Boden wurde veräußerlich und beleihbar; die Gier nach dem Gelde und die Unerfahrenheit im Umgang mit diesem Ding führten zur Verschuldung, maßlose Zinsen zu raschem Verfall des Bauernstandes, zu Schuldknechtschaft, Landflucht und Überfüllung der Stadt.

Da die handwerklich-gewerbliche Betätigung von Sklaven und von Freigewordenen ausgeübt wurde, verschmähte der Römer die eigentliche Arbeit. Seine Zivilisation beruhte zwar auf dem Prinzip der Arbeitsteilung, aber er selbst hat sich an dieses Prinzip nicht gehalten. So drängte sich in der Stadt ein Gewimmel von unbeschäftigten, mittellosen römischen Bürgern, denen genauso wie in Griechenland erst Brot – und dann Brot und Spiele – geboten werden mußten.

Dieses ständige Verzehren ohne Leistung, das maßlose Pracht- und Luxusbedürfnis der vermögenden Schichten bewirkten auch hier einen fortgesetzten Abfluß von Gold und Silber nach den fernen Ländern, von denen die begehrten Erzeugnisse auf Schiffen und Handelsstraßen herkamen. Mußte nicht der unerhörte Aufwand der römischen Zirkusspiele auch eine ökonomische Kehrseite haben? Sulla ließ 100 Löwen in die Arena rasen; Pompejus steigerte das Schauspiel auf 500 Löwen und zahllose andere Tiere aus allen erreichbaren Zonen. Cäsar ließ 65 v. Chr. über 600 Gladiatoren in silberner Rüstung zum Schaukampf antreten und im folgenden Jahr zur Vorbereitung seines letzten Schrittes zur absoluten Macht das römische Volk an 22 000 Tischen prächtig bewirten und mit Geld und Getreide beschenken.

Die Logik der Geldrechnung ist unerbittlich, ob man sie begriffen hat oder nicht. Rom war wohl imstande, die Edelmetallbestände seiner Provinzen zu mobilisieren – in den Silberbergwerken Spaniens waren zeitweise bis 40 000 Menschen beschäftigt, und in ähnlichem Umfang wurde in Siebenbürgen Gold geschürft –, aber der Abfluß war dennoch größer.

Als schließlich mit dem Schwinden des Geldes auch noch die Erschöpfung der spanischen Silberminen eintrat, war der Niedergang Roms so gut wie besiegelt. Jetzt halfen auch drakonische Maßnahmen gegen die Ausfuhr von Edelmetallen nichts mehr; und selbst die Münzverschlechterung – bis zu 95 Prozent Beimischung von Kupfer! – konnte den erforderlichen Geldumlauf nicht einmal mengenmäßig halten. Der Glanz des Römerreiches war auf der Basis einer weit ausgedehnten Geldwirtschaft und Arbeitsteilung erstanden und nun mit dem Verfall dieser Fundamente wieder erloschen.

DIE BARBAREN UND DAS GELD

An Rhein und Donau waren die Legionen des Römischen Weltreichs stehengeblieben. Nordwärts und ostwärts dehnte sich in unermeßlicher Weite waldreiches Land, bewohnt von halb nomadenhaften Völkerschaften. Anfänge von stadtähnlichen festen Siedlungen gab es fast nur an der Grenze zum Römerreich.

Aus dem Osten über die Wolga hereinbrechend, war der Mongolenstamm der Hunnen über Europa gefegt, raubend und sengend und die überfallenen Völker mitreißend oder vor sich hertreibend. Die Schutzwälle, die das Römische Reich an seinen Grenzen errichtet hatte, konnten die Flut nicht aufhalten. Das Weltreich der Römer ging unter, andere Völker und Reiche füllten den Raum, jahrhundertelang sich in Kämpfen und Kriegen verändernd.

Den Zusammenhang zwischen Geldwirtschaft und Geschichtsverlauf hat die eigentliche Geschichtsforschung nie sonderlich berücksichtigt. Aber die Wirtschaftsgeschichte kennt die sogenannten »langen Konjunkturwellen« als die Zeitabschnitte steigender Geldvermehrung. »Mir ist keine Periode wirtschaftlicher Blüte bekannt, die nicht auf einen außerordentlichen Zufluß von Gold zurückzuführen wäre«, sagt Sombart. Die Kehrseite davon ist die wirtschaftliche Stagnation, der Zerfall der sozialen Organismen und der Kulturen, sobald das Geld sich vermindert, abfließt oder in anderer Art versickert.

Eine solche Periode war mit der anhaltenden Passivität der Handelsbilanz des Römischen Weltreiches über die Kultur des Altertums gekommen und hatte der Zeit der Völkerwanderung ihren Stempel aufgedrückt. Jahrhundertelang waren die Raubkriege und Beutezüge der mit den Wanderungen der Goten und der Hunnen in Bewegung gekommenen Völker an der Tagesordnung. Rom hat die Arbeitsteilung nicht weiterentwickelt und ausgedehnt, sondern mit der Verschwendung des Geldes zugleich sein wirtschaftliches Blut verloren und seine Kraft vergeudet. Ackerbau, Gewerbe, Handwerk und Handel verkümmerten. Wer noch Geld hatte, hütete es als einen

Schatz. Selbst die Barbaren wußten schon das alte römische Geld von den rot gewordenen Silbermünzen des späten Rom zu unterscheiden und verschatzten das bessere Geld. Die alten Germanen bohrten ein Loch durch den beliebten römischen Goldsolidus und trugen die Münzen an einer Schnur um den Hals. Was der Sinn des Geldes sein sollte, war fast vergessen. Aber die Gier nach den gleißenden Schätzen von Gold und Silber lag wie ein uralter Fluch über allem.

Die ganze Geschichte der Völkerwanderung ist ein endloser Bericht über den Kampf um gewaltige Schätze, die dereinst einmal Geld waren und eine volkswirtschaftliche Funktion gehabt hatten, jetzt aber von der Raubgier und Prachtliebe der Großen verschluckt wurden. Gustav Freytag schildert in seinen »Bildern aus der deutschen Vergangenheit« die Fürstenschätze aus Armringen, Spangen, Diademen, Bechern, Becken, Schalen und Trinkhörnern samt ganzen Tischplatten und Pferdeschmuck. Die Tafelaufsätze, silberne Becken für Speisen und Früchte, waren zuweilen von so protzigem Ausmaß, daß man sie mit Hilfsgeräten auf die Tische heben mußte; eines Mannes Kraft reichte nicht mehr aus.

Der fränkische König Chilperich (561–584) ließ einen Tafelaufsatz aus Gold und Edelsteinen machen, 50 Pfund schwer; und der König Gunthram erzählte beim festlichen Mahl: »Fünfzehn Schüsseln, so groß wie die größten dort, habe ich schon zerschlagen und habe nur diese behalten und eine andere, 470 Pfund schwer.« Zu solchen Prunkstücken wurde das gemünzte Gold und Silber, das aus der Beute und aus den Tributleistungen der jeweils Besiegten stammte, verarbeitet. Als die Franken unter Chlodewech die Römer besiegt und aus Gallien vertrieben hatten, waren ihnen riesige Bestände römischen Goldes in die Hände gefallen. Aber bevor etwas Sinnvolles damit geschehen konnte, waren neue Widersacher an die Stelle der Erschlagenen getreten. Ein düsteres Bild von Tücke und Raubgier zeichnet Gustav Freytag nach mit der dramatischen Schilderung: »Als der Königssohn Chloderich seinen Vater auf Anstiften des Chlodewech getötet hatte, zeigte er dem Boten des argen Vetters die große Truhe, in welche der Ermordete seine Goldstücke zu legen pflegte, da sagte der Gesandte zu ihm: ›Miß die Tiefe mit dem Arm aus, damit wir die Größe wissen!‹ – und als der Frevler sich niederbeugte, zerschmetterte ihm der Franke den Kopf mit seiner Axt« (s. G. Freytag: »Bilder aus deutscher Vergangenheit«, S. 155). – Verläßliche geschichtliche Nachweise über diesen Vorgang hat die Geschichtsforschung nicht gefunden, und so mag es sein, daß die Fama hier – ebenso wie in der Nibelungensage – Dichtung und Wahrheit vermischte. Wieviel Wahrheit aber mag ganz im Dunkel der Vorzeit versunken sein?

Dem Golde gegenüber ist der Mensch unersättlich, und so hortete also die Raubgier und Besitzleidenschaft der kämpfenden Fürsten und Könige die noch aus dem Altertum vorhandenen Edelmetallbestände mehr und mehr in nutzlosen Schätzen. Als die fränkische Königstochter Rigunthe 584 zu den Westgoten nach Spanien gesandt wurde, füllte ihr Schatz 50 Frachtwagen. Jedem Fürstenkind wurde schon bei seiner Geburt ein Schatz angelegt. Zahllos sind auch die Berichte von vergrabenen und versenkten Schätzen. Wir denken an Alerichs, des Gotenkönigs Grab im Busento, an die geheimnisumwitterte Bestattung Attilas, des Hunnenkönigs, in goldenem, silbernem und eisernem Sarg, an den Nibelungenhort und den ewigen Zwist um alle Schätze. Bis auf den heutigen Tag ist das Raunen um vergrabene Schätze zu hören. Noch 1895 wurde in Köln eine römische Kriegskasse mit 15 Zentnern römischer Münzen gefunden, ein Schatz, der wohl vor dem herannahenden Feind vergraben und nach verlorenem Kampf nicht wieder gehoben werden konnte.

In diesen Jahrhunderten der Völkerwanderung gibt es denn auch nur wenige, jeweils bald erstorbene Ansätze zur Neuerweckung einer Geldwirtschaft. Kelten und Germanen haben in ihren ersten Versuchen nur Nachprägungen der römischen und griechischen Münzen vorgenommen. Das Münzbild solcher Prägungen ist entsprechend roh, und die Unerfahrenheit des Stempelschneiders zeigt sich mitunter sogar in seitenverkehrter Wiedergabe des Münzbildes, das als Vorlage diente. Von einer Entfaltung der Geldwirtschaft kann erst wieder gegen Ende des ersten Jahrtausends gesprochen werden; der Reichtum des Altertums, der einstmals, bereits in Münzen geprägt, einen volkswirtschaftlichen Dienst getan und eine Entfaltung von Arbeitsteilung und Kulturblüte ermöglicht hatte, war einfach jahrhundertelang umgeformt und seiner Aufgabe entzogen worden: Objekt der Hortbildung, der Machtgewinnung, des Prunkes, des ständigen Kampfes und Raubes. Und die Kehrseite davon skizziert Hugo Rachel in seinen Betrachtungen zum Untergang der Antike, indem er schreibt: »Durch das unaufhaltsame Schwinden des baren Geldes trocknete das Wirtschaftsleben gleichsam aus und glitt in ein längst überwundenes Stadium, zur Naturalwirtschaft zurück« (s. H. Rachel: »Kulturen, Völker und Staaten«, S. 99).

Kriegsstürme, Raubzüge und Verwüstungen sind ein unfreundliches Wetter für das Erblühen einer neuen Kultur; die Lehre des Christentums, die Wesentliches zur Gestaltung einer neuen Welt bringen konnte, fiel noch auf steinigen Acker, während sie im Römerreich bereits seit dem Jahre 313 anerkannte Staatsreligion war. Bei manchem aus den germanischen Stämmen zum Christentum Übergetretenen verband sich die neue Lehre noch in absonderlicher Weise mit den überlieferten Begriffen der Väter, und noch nach Jahrhunderten war manche Handlung mehr vom Blut und Urväterglauben als vom Geiste echten Christentums diktiert.

So muß man, wenn man von einem »christlichen Abendlande« spricht, wohl doch ein wenig bedenken, daß dieser Begriff kaum vor dem 8. Jahrhundert seine Gültigkeit haben dürfte. Als Bonifatius bei Geismar die Donar-Eiche fällte, schrieb man bereits das Jahr 724; und als der Stamm der Sachsen als letzter großer Germanenstamm nach erbittertem Widerstand sich dem Christentum beugte – Widukind ließ sich im Jahre 785 taufen –, neigte sich dieses Jahrhundert bereits seinem Ende zu.

Erstmalig seit dem Untergang des Weströmischen Reiches war in diesem 8. Jahrhundert in dem Frankenkönig Karl, der damit der Große werden sollte, ein Mann erstanden, der die Erben der untergegangenen römischen Weltmacht, die schon ziemlich festgefügten germanischen Reiche auf dem geschichtlichen Boden der einstigen römischen Herrschaft und weit darüber hinaus, zu einem neuen Ganzen zu einen vermochte. Erstmalig traten jetzt auch aus dem

Schoße der barbarischen Eroberer andere Gesichtspunkte als Krieg und Raub politikbestimmend hervor. Dem Weitschauenden erschloß sich der Blick in eine neue Weltgestaltung, nicht minder großartig als die des versunkenen Römerreiches. Überlieferte Reste griechisch-römischer Kultur, Kunst, Gesetzgebung, Geistesbildung usw. auf dem Boden des für eine Gemeinschaftsbildung unter den Menschen unerhört fruchtbaren Christentums neu begründet, fingen an, unter Karl dem Großen zu gewaltigen Wandlungen zu führen.

Daß die Einführung des Christentums von Karl dem Großen nicht immer mit christlicher Duldsamkeit und Großmut betrieben wurde, ist bekannt; aber man wird bei der Würdigung seiner Taten bedenken müssen, daß die Einigung der germanischen Stämme unter der Glaubenslehre des Christentums von ihm als politische Notwendigkeit angesehen wurde. So betrachtet, war es weniger der Christ Karl als vielmehr der germanische König und Schöpfer des nachmaligen »Heiligen Römischen Reiches Deutscher Nation«, dem es unerträglich gewesen sein mochte, innerhalb dieses Reiches eine klaffende Lücke oder gar einen Herd der Feindschaft zu wissen, der gleichwohl von Menschen desselben Blutes bewohnt wird.

Doch wie man auch immer darüber denken mag – mit späten Wertungen ändern wir nichts an vollzogenen Werken, die Nachwelt hat auf den Tatsachen weiterzubauen –, unmerklich vollzog sich eine Verlagerung der wieder erwachenden Lebensströme des völkerbewegenden Verkehrs vom Mittelmeerraum zum Rhein. Denn unmerklich begann die innere Ordnung des werdenden Reiches, die gute Verwaltung, die sorgsame Rechtspflege, die Förderung des Unterrichts, dem sich der Kaiser im hohen Mannesalter selbst noch unterzog, ihre Früchte zu tragen. Auch die wirtschaftliche Förderung, hauptsächlich bestimmt von der Ordnung des Bodenrechts, der Lehensordnung, des Marktrechts und Münzwesens, wirkte sich aus.

Die germanischen Stämme, insbesondere in jenen Gebieten, die noch außerhalb der einstigen Römerherrschaft, also nordöstlich von Rhein und Donau, lagen, haben freilich bis in das letzte Jahrhundert vor der Jahrtausendwende überwiegend in altväterlicher Naturalwirtschaft gelebt. Soweit sie durch Tausch und Handel fremdländisches Gerät, Schmuck, Münzen und dergleichen erwarben und Zinn, Bernstein, Honig, Wachs oder Felle dafür gaben, diente das Erworbene nur dem persönlichen Bedarf, allenfalls auch einer stetigen Schatzbildung. Die durch Berührung mit den Römern und durch die Züge der Völkerwanderung in die Hände der Germanen gelangten griechisch-römischen Münzen wurden also, wie bei allen Naturvölkern, lediglich als Schmuck und Schatzmittel betrachtet. So versickerte auch hier ein großer Teil der Münzbestände des Römischen Reiches in den unergründlichen Wäldern Germaniens, ohne daß sie hier schon jene Wirtschaftsbelebung herbeiführen konnten, die in entwickelteren Kulturen bei solcher Art »aktiver Handelsbilanz« zustande zu kommen pflegt.

Um diese Zeit wäre es hier für eine ausgedehnte Geldwirtschaft auch einfach noch zu früh gewesen. Erst kam es darauf an, von der Naturalwirtschaft zur Arbeitsteilung zu gelangen; und auf dieser Linie der Notwendigkeit hatte das römische Kolonisationstalent – obwohl die Barbaren die Herren und die Römer die Unterlegenen waren – ein dankbares Betätigungsfeld gefunden. Was jetzt aus Rom kam, kam freilich nicht mehr in klirrenden Waffen, die früher die römische Kultur begleitet hatten, sondern es kam im Habitus der neuen Religion des Christentums. Sicher ist die fortschreitende Verschmelzung der fränkischen Herrschaft mit der römischen Kirche, die mit der Kaiserkrönung Karls des Großen ihren Höhepunkt erreichen sollte, einer der bedeutungsvollsten Vorgänge der europäischen Geschichte gewesen. Und wenn es in diesem Zusammenhang auch nicht primär wichtig sein mag, so war es doch andererseits auch nicht von Nachteil, daß das ganze Erbe der geldwirtschaftlichen Erfahrung der Römer sich im Zuge dieser Entwicklung auf die Völker des fränkischen Herrschaftsbereichs fortpflanzte.

Was die römische Kirche diesen Völkern zugleich mit dem neuen Weltbild des Christentums an gewerblichen Fertigkeiten und ökonomischen Künsten des Rechnungswesens mit Maß-, Gewichts- und Geldeinheiten brachte, machte sich aber für die Kirche auch bezahlt durch die junge Kraft, deren die Kirche als Schutz bedurfte. Der Zerfall der alten römischen Weltmacht in ein Weströmisches und ein

Oströmisches Reich – im Jahre 395 waren Rom und Byzanz endgültig geschieden – hatte auch für das Christentum, wenn nicht ursächlich, so doch als weitere Vertiefung der Kluft den großen Glaubenskonflikt zwischen arianischer und römisch-katholischer Christusvorstellung gebracht. Da die Vandalen, Goten, Langobarden und andere germanische Stämme sich zuerst der arianischen Lehre, wonach Christus nicht als Gottes Sohn gilt, zuneigten, bedeutete der Sieg des Frankenkönigs Chlodewech und sein Übertritt zum katholischen Christentum (496) zugleich den Sieg der römisch-katholischen Kirche über die arianisch-byzantinische. Der Fama zufolge soll Chlodewech vor der Schlacht gelobt haben, zum römischen Glauben überzutreten, wenn Christus ihm den Sieg schenkt. Daß man so etwas mit dem fremden Gott aushandeln könne, war dem Vorstellungsvermögen des fränkischen Kämpen durchaus natürlich. Nun waren also die Würfel gefallen, und so ging die Entwicklung auf Jahrhunderte hinaus ihren neuen Weg.

Währenddessen erfuhr auch das Byzantinische Reich ein wechselvolles Schicksal, bis es 1453 endgültig den Mohammedanern (Mohammed II.) erlag. In seiner hohen Blütezeit trugen die byzantinischen Münzen vornehmlich Christus- und Marienbildnisse. Justinian II. (658–711) hatte als erster ein Christusbild auf seinen Solidus gesetzt, wie Robert Eisler meint, sicher weniger aus Frömmigkeit als vielmehr, um den Mohammedanern das Nachprägen seiner Münzen religiös zu verleiden (s. R. Eisler: »Das Geld«, S. 160). Die Handelsbeziehungen mit Byzanz waren während der Zeit der Völkerwanderung noch schwach; erst die Jahrhunderte der Kreuzzüge brachten den fränkisch-alemannischen Völkern den näheren Kontakt mit dem Orient – und damit auch byzantinische Einflüsse auf ihr Münzwesen. Letztere traten in der Brakteatenprägung der Stauferzeit, worauf wir noch kommen werden, besonders deutlich hervor.

WIEDERERWACHENDE GELDWIRTSCHAFT

Wenn mit der Ausdehnung der deutsch-germanischen Herrschaft über das riesige Gebiet des einstigen Römerreiches wohl auch die Gold- und Silberschätze der vergangenen Kulturen in die Hände neuer Herren gekommen waren, so konnte die eigentliche kulturfördernde Nutzung aber doch erst dadurch erfolgen, daß das tote Metall zu lebendigem, befruchtendem Geldumlauf wurde. Dieser Entwicklung hat Karl der Große entscheidende Impulse gegeben.

Wohl haben vor dieser Zeit schon die Goten, Langobarden, Kelten und andere Völker eine Münzprägung betrieben. Ihre Münzbilder stellten jedoch nur mehr oder weniger gelungene, vielfach aber auch vollkommen entstellte Nachbildungen alter griechisch-römischer Prägungen dar.

Goldmünzen zu prägen und das eigene Bild auf die Münze zu setzen war einst das Vorrecht der römischen Kaiser gewesen. Dieses Vorrecht wurde während der Zeit der Völkerwanderung nicht angetastet; erst Theoderichs Sohn Theodebert I. von Austrasien wagte es, einen Goldsolidus mit seinem eigenen Namen zu prägen (534–548). Der Vorgang wurde von Prokop, dem Chronisten der Gotenkriege, als empörende Anmaßung registriert. Bemerkenswert für die im 6. Jahrhundert einsetzende Zunahme der Münzprägung ist, daß die Kirche mehr und mehr – und zwar aus eigener Machtvollkommenheit – als Münzherr auftrat. Insbesondere geschah dies westlich des Rheins im Gebiet des heutigen Frankreich, wo die Bistümer Rennes, Orléans, Le Mans, Bordeaux, Toulouse, Angers und andere zu nennen wären.

Vom 6. Jahrhundert an traten aber auch Name und Monogramm des Königs mehr und mehr zurück zugunsten der Erwähnung von Münzstätte und Münzmeister. Die Münzmeister, aus der Goldschmiedezunft hervorgegangen, von denen man etwa 2000 Namen kennt, übten ihr Gewerbe für Könige, Bischöfe und Grundherren im Umherziehen aus. Im 8. Jahrhundert wurde nun im fränkischen Reich das unter den Merowingern mit zunehmender Lässigkeit gehandhabte Münzrecht nach dem Sturz des letzten Merowingers Chilberich von Pippin dem Kleinen mit Energie in die Hand genommen. Der erste Karolinger, der sich selbst die Königskrone genommen hatte, vereinfachte das Münzwesen des fränkischen Reiches durch Einführung der Silberwährung. Goldmünzen ließ er nicht mehr ausprägen. Geprägt wurde nur noch der Silberdenar, aus dem römischen Pfund 300 Stück, später 264 Stück. Diese Anfänge einer neuen Münzordnung hat der Sohn Pippins, Karl der Große, mit zielbewußter Hand auf das ganze nachmalige »Heilige Römische Reich Deutscher Nation« ausgedehnt. Er setzte sein Bildnis und seinen Namen auf die Münze, und auch die Großen, denen er das Recht, Münzen zu schlagen, verliehen hatte, mußten seinen Namen mit auf die Prägung setzen. Die Zahl der Münzstätten – bei Antritt seiner Regierung bestanden deren 40 – vermehrte sich auf 80, darunter Köln, Bonn, Mainz, Worms, Speyer, Straßburg, Dursteede, Basel, Chur. Auch Karl der Große blieb bei der Silberwährung. Goldmünzen wurden von ihm offensichtlich nicht für den allgemeinen Handelsverkehr herausgegeben. Nach Auffassung der Forscher sind die in wenigen Funden zutage geförderten Goldmünzen nur als Kriegssold für die fränkischen Soldaten aus Beutegold geschlagen worden.

Dem Münzwesen Karls des Großen lag die Regel zugrunde, aus einem Pfund Feinsilber 240 Silberdenare zu prägen. Unklarheiten bestehen jedoch über das Gewicht des Pfundes; die Angaben schwanken zwischen 367 und 491 g. Der Denar stellte in der damaligen Münzverfassung auf deutsch einen »Silberpfennig« dar. 12 Denare oder Pfennige ergaben einen Schilling (lat. Solidus); 20 Schillinge waren demgemäß 1 Pfund. Dieses karolingische Münzsystem: 12 Pfennige (Pence) = 1 Schilling; 20 Schillinge = 1 Pfund, hat sich bei den Angelsachsen bis auf den heutigen Tag erhalten, wie ja auch die Bezeichnung »1 Pfund Sterling« ursprünglich ein Pfund von den durch die Oesterlinge – die aus dem Osten kommenden Kaufleute – ins Land gebrachten Silbermünzen bedeutete. Die Einführung des karolingischen Münzsystems in England wird dem Einfluß des angelsächsischen Gelehrten Alkuin zugeschrieben, den Karl der Große an seinen Hof gezogen hatte.

Eine Prägung von Schillingmünzen war in der Münzordnung Karls des Großen nicht vorgesehen. Der Begriff war nur eine Rechengröße. Erst bei entwickelteren Verkehrsbedürfnissen im 13. und 14. Jahrhundert entstand im »Groschen« eine entsprechende Ausprägung. Der Groschen stellte einen »großen« und dicken Pfennig dar und hatte den Wert von 12 Denar, womit er also einem Schilling entsprach. In manchen Gegenden wurden auch Groschen von geringerem Wert als 12 Denar geschlagen.

Daß es sich bei dieser Ausprägung einer größeren Münze überall um die Berücksichtigung der wachsenden Anforderungen des Wirtschaftsverkehrs handelte, geht auch daraus hervor, daß der »große Denar« im 12. Jahrhundert in Florenz als »Grossoni«, in Frankreich als »gros Tournois« und in England als »groats« auftauchte; das Verhältnis zum Denar ist jedoch nicht überall und nicht für ständig das gleiche gewesen, wie in Deutschland (s. K. Helfferich: »Das Geld«, S. 39).

In der allgemeinen Entwicklung der Kultur konnten sich die Auswirkungen der Rückkehr zur Geldwirtschaft naturgemäß nur sehr langsam zeigen. Zu groß und zu weiträumig war das Reich Karls des Großen, und nur der südwestliche Teil war alter Kulturboden. Handwerk, Viehzucht und Ackerbau mußten erst gelehrt und entwickelt werden; dies waren Aufgaben, deren sich die vom Kaiser geförderten Klöster mit besonderem Eifer annahmen.

In diesen Zeiten wurden neue Münzen in der Regel beim Anlaß bedeutender geschichtlicher Ereignisse oder sonstiger denkwürdiger Tage im Leben der Münzherren geschlagen. So hat Karl der Große, nachdem er 784 dem Langobardenreich ein Ende bereitet hatte, auf dieses Ereignis gemeinsam mit dem Papst Hadrian III. einen Pfennig prägen lassen. Ebenso ließ er auf seine Kaiserkrönung zum Weihnachtsfest in Rom im Jahre 800 einen Pfennig schlagen, der auf der Vorderseite sein Brustbild und auf der Rückseite ein Bildnis der Kirche zeigte, als deren Beschützer er sich fühlte.

Die straffe Ordnung des Münzwesens, die Karl der Große durchgesetzt hatte, ist unter seinen Nachfolgern wieder verlorengegangen. In einem Kapitular des Kaisers (805) war einst befohlen worden, daß

Münzen nur an kaiserlichen Pfalzen geprägt werden durften; und es war vorgeschrieben, »daß diese neuen Pfennige in jedem Ort, in jeder Stadt und auf jedem Marktplatz ebenso umlaufen und von allen empfangen werden«. Nach A. Luschin v. Ebengreuth, »Grundriß der Münzkunde«, war die Münzhoheit als solche ein wesentliches Recht des römischen Imperators, von dem es auf den Kaiser des »Heiligen Römischen Reiches Deutscher Nation« überging. Von Thomas von Aquin wurde dann aber die Lehre begründet und verbreitet, daß die Münzhoheit auch dem Papst und der Kirche zustehe. Diese Auffassungen fanden in den mittelalterlichen Rechtsbüchern ihren Niederschlag; so kam es, daß schließlich jedermann, der eine höchste Gewalt, ein »supremum imperium«, innehatte, auch das Recht der Münzhoheit besaß, das er nach unten gegen Abgaben oder auch als Pfründe für Vasallen- und andere Dienstleistungen weiterverleihen konnte (s. a. a. O., S. 58).

Unter dem Nachfolger Karls des Großen, Ludwig dem Frommen, gelangten nun die Kirchenfürsten wieder zu Einfluß und Bedeutung in der Münzprägung; und dieser Einfluß verstärkte sich in der Folgezeit mit der jetzt in Erscheinung tretenden Schwäche der Karolinger mehr und mehr. Diese Entwicklung ist aber andererseits nicht ganz unverständlich, denn Kirche und Klöster hatten in diesen Zeiten beträchtliche Aufgaben auf sich genommen, für deren Finanzierung entsprechende Einkünfte erforderlich waren. Nach der Bekehrung der Sachsen zum Christentum wurde z. B. das Kloster Corvey gegründet und mit reichen Schenkungen – z. B. mit der Einrichtung einer Münzstätte und Verleihung der Einkünfte aus der Münzprägung – bedacht.

Ähnlich verhielt es sich in zahlreichen anderen Fällen und auch in den kommenden Zeiten; die Abtei von St. Gallen, die Freie Reichsabtei Hersfeld, auch Frauenklöster wie die Abtei Quedlinburg erhielten das Münzrecht, ebenso der später in der Kolonisation des Ostens tätig gewordene Deutschritterorden.

Unter den fränkischen und sächsischen Kaisern verstärkte sich die Tendenz, die Münzrechte an Kirchenfürsten und Abteien zu vergeben, noch mehr, denn jetzt waren Geistlichkeit, Bischöfe und Äbte die eigentlichen Stützen der Herrschaft gegen die Machtansprüche und Besitzgelüste des Adels. Mit der eintretenden Schwächung der Reichsmacht wurden dann aber auch die Kirchenfürsten in der Münzprägung mehr und mehr selbständig; dazu kam, daß die Münzrechte für Abgaben und Vasallendienste auch an Herzöge und Markgrafen vergeben wurden, womit aber immerhin eine reichliche Versorgung der in Gang kommenden Wirtschaft mit Geld gegeben war.

Dieses Letztere dürfte für die allgemeine Entwicklung von Wirtschaft und Kultur das Wesentliche gewesen sein, und so war es denn ganz richtig, daß die Becher und Schalen, Becken und Humpen in den Schmelztiegel wanderten – und danach als blanke Silberpfennige auf die Märkte.

DIE BRAKTEATEN

Wenn eine Linie der Entwicklung des Münzwesens vornehmlich in dem durch Donau und Rhein begrenzten südwestlichen Raum Europas durch Nachbildung römischer Münzen und allmähliche Verselbständigung in der Kunst des Stempelschneidens und Prägens erblickt werden kann, haben wir es im nordostgermanischen Raum noch mit einer zweiten Entwicklungslinie, einer anderen Technik der Nachbildung und Neuprägung von Münzen zu tun. Auch diese nahm ihren Ausgang von der Goldschmiedekunst her und hatte ihre Wiege in der Schmuckgestaltung.

Es handelte sich hierbei um die Technik, ornamentale Linienmuster, Runenzeichen und dergleichen auf der Vorderseite erhaben und auf der Rückseite vertieft in Gold-, Silber- oder Kupferblech zu treiben. Derartige Arbeiten wurden erst als Gewandspangen, als Schmuck und Anhänger getragen; es gibt Funde davon, die aus einer Zeit von 400 bis 1000 Jahren vor der christlichen Zeitrechnung stammen.

In der nachrömischen Zeit wurde indessen diese Technik des Einprägens eines Bildes in dünnes Silber- oder Goldblech auch auf die dadurch vereinfachte Nachahmung von Münzen angewendet. Es gibt Stücke – allerdings auch in dieser Form noch mit einer Anhängeöse versehen, lediglich zum Schmuck bestimmt –, welche aus zwei Abdrücken, Vorder- und Rückseite einer Münze, zusammengesetzt und am Rande zusammengehalten, bestehen. Einen solchen Schmuckanhänger, bestehend aus zwei dünnen Goldblechen, über eine römische Münze aus der Zeit von 215 v. Chr. gehämmert, von einem goldenen Ring zusammengehalten, die alte Münze noch als Kern enthaltend, zeigt Schwarzkopf in seiner interessanten Abhandlung über »Germanische Schmuckbrakteaten« in dem Band »Das Erbe unserer Ahnen«, S. 476.

Die Herstellung solcher Abdrücke stellte natürlich gegenüber den Schwierigkeiten des Stempelschneidens ein vereinfachtes Verfahren dar. Es war nur notwendig, die Prägung auf einer weichen Unterlage, z. B. auf Blei, vorzunehmen. Mit dem im allmählich zunehmenden

Wirtschaftsverkehr zutage getretenen größeren Bedarf an Tauschmitteln kam naturgemäß auch im nordisch-germanischen Raum die Entwicklung des Münzwesens in Fluß. Es erübrigte sich schließlich, die Prägung mit einer Anhängeöse zu versehen, da die Münzen dauernd von Hand zu Hand liefen und nicht mehr als Schmuck am Halse getragen wurden. So kamen etwa um die Mitte des 12. Jahrhunderts in Skandinavien unter dem Dänen Sven Grathe die einseitig geprägten Silberblech-Münzen auf, die man später als »Brakteaten« – bractea = dünnes Blech – bezeichnete (s. Schwarzkopf: a. a. O., S. 469).

Im übrigen ist aber die wirkliche Entwicklung der Brakteatengeldwirtschaft doch eine rein deutsche Erscheinung; die nordischen Ansätze dazu sind, ohne eine Bedeutung erlangt zu haben, wieder erloschen.

In Deutschland sind die ersten derartigen Prägungen in der bischöflichen Münze von Magdeburg geschlagen worden. Nach neueren Forschungen von Prof. Dr. Arthur Suhle hat Erzbischof Hartwig von Magdeburg, der von 1079 bis 1102 regierte, damit begonnen, die um diese Zeit zur Aufnahme eines großen Münzbildes schon ziemlich breit und dünn gewordenen Silberpfennige einseitig schlagen zu lassen. Allerdings erst Erzbischof Wichmann von Seeburg, der anno 1152 von Barbarossa in Magdeburg eingesetzt worden war, hat diese Münzprägung im Erzstift zu ungeahnter Blüte entfaltet.

Als sich dieses Verfahren der Münzprägung in Deutschland ausbreitete, waren seit der Münzordnung Karls des Großen bereits 300 Jahre vergangen. Im Verlaufe dieser Zeit waren aber durch die Nachfolger Karls des Großen – angefangen von Ludwig dem Frommen – die Reichsrechte der Münzprägung an unzählige Könige, Fürsten, Grafen, Bischöfe, Grundherren, Klöster und Städte verliehen worden. Hieraus hat sich naturgemäß ein sehr buntes Bild der Münzverfassung ergeben, zumal vom 11. Jahrhundert an Bild, Name und Gepräge der Münze durch die Träger des Münzrechtes verändert werden durften.

Schon während dieser Zeit, also noch vor dem Erscheinen der Brakteaten, war die Vergebung des Münzrechtes von fiskalischen Erwägungen bestimmt. Die mit dem Münzregal Beliehenen hatten dafür Abgaben zu leisten, die sie bei der Prägung durch Erhebung eines »Schlagschatzes« und durch »Auswechseln« hereinholten.

Mit dem Aufkommen der Brakteaten in der Hohenstaufenzeit war nun einesteils die Technik der Münzprägung vereinfacht; man hatte zwar vor dieser Zeit schon »Dünnpfennige« geprägt, die aber beidseitig ein Bild trugen, das freilich mitunter ziemlich unklar wurde, weil der Stempel der Rückseite sich durchpreßte und die Vorderseite störte, wie auch umgekehrt. Nun kam die Gegenprägung in Wegfall.

Die Herstellung der Münzen wurde nach wie vor von den Münzmeistern vorgenommen, die im Umherziehen an die Höfe der Fürsten und Bischöfe und der kleineren Münzherren kamen und dort ihre Kunstfertigkeit anbrachten. Daneben gab es indessen auch eine große Anzahl Prägestätten des Reiches, von denen viele gleichfalls die Prägetechnik der Zeit pflegten. So hat z. B. Barbarossa seine prachtvollen Brakteaten in den kaiserlichen Münzstätten in Saalfeld, Altenburg, Mühlhausen und Nordhausen schlagen lassen.

Die nicht-privilegierte Herstellung von Münzen wurde, unbeschadet der Großzügigkeit, mit der das Münzrecht an unzählige Beliehene vergeben war, nach dem Kodex der mittelalterlichen Rechtspflege sehr streng, mit dem Abhacken der Hand, geahndet.

Andererseits war es natürlich, daß die in der Brakteatentechnik hergestellten dünnen Silberblechmünzen im Verkehr weniger dauerhaft sein konnten als die beidseitig geprägten stärkeren Geldstücke. Um die den Wertbegriffen gerecht werdende Silbermenge auf die Münze zu verwenden, wurde die Einzelmünze größer gemacht. Es gibt Brakteaten von fast 5 cm Durchmesser. Man konnte sie gegebenenfalls durchbrechen oder durchschneiden und auf diese Art teilen.

Aus diesen Umständen und der höheren Abnutzung, die solches Geld im Verkehr erlitt, ergab sich dann wohl die Notwendigkeit einer laufenden Nachprägung. Die Münzmeister hatten ihre »Arbeitsbeschaffung«, wie man heute sagen würde. Die Nachprägung von Münzen war aber nicht allein aus den Erträgnissen der neu erschlossenen Silbergruben im Harz, im Elsaß, in den Tiroler Bergen und in Böhmen zu bewältigen, sondern sie wurde nun auch als Umprägung von aufgerufenen Münzen vorgenommen.

Daß bei der Ausgabe von neuen Münzen das alte Geld außer Kurs gesetzt, um des Metallwertes willen aber eingezogen und mit entsprechendem Abschlag gewechselt wurde, ist ein sehr alter Brauch. In seinem »Wörterbuch der Münzkunde« erwähnt Freih. Friedrich v. Schrötter, daß Derartiges schon im alten Rom gemacht wurde (s. a. a. O., S. 440), und Prof. A. Suhle führt in seiner Schrift »Die deutschen Münzen des Mittelalters« an, daß Karl der Große im Kapitular von Mantua anno 781 mit seiner grundlegenden Neuordnung des Münzwesens die Annahme der alten Pfennige verboten habe (s. a. a. O., S. 22).

Nach der mittelalterlichen Münzverfassung, die insbesondere im »Sachsenspiegel« niedergelegt war – dem ältesten und bedeutendsten deutschen Rechtsbuch, 1220 von Eike von Repkow in lateinischer Sprache, später noch in niedersächsischer Mundart geschrieben und großenteils vom »Schwabenspiegel« für Südwestdeutschland übernommen –, war es rechtens, eine Änderung der Münzen vorzunehmen, »wenn neue Herren kommen«. Anläßlich eines solchen Wechsels der Herrschaft, sei es auf Grund von Erbfolge beim Tode eines Fürsten oder Grafen oder auch nach dem Ausgang von Machtkämpfen unter den Großen, war es demgemäß nach dem Gesetz der »Renovatio Monetarum« Rechtsbrauch, die umlaufenden Münzen aufzurufen und unter Abzug eines Schlagschatzes gegen neue Münzen einzuziehen.

Derartige Aufrufe und Umprägungen erwiesen sich nun nach Einführung der weniger dauerhaften Brakteaten auch ohne den Anlaß von Regierungswechsel und damit zu häufigeren Zeitpunkten als zweckmäßig. Kulischer berichtet in seiner »Allgemeinen Wirtschaftsgeschichte des Mittelalters und der neuen Zeit«, München 1928, daß man in Polen diese »revocationes«, »innovationes« oder »mutationes« viermal im Jahre durchführte – daß es Verordnungen gab, die zu jeder Messe neues Geld vorsahen. Bernhard von Anhalt, der Sohn von Albrecht dem Bären, der durch Krieg und Erbschaft das Havelland erworben hatte und sich »Markgraf von Brandenburg« nannte, hat in 32 Regierungsjahren fast hundert Prägungen herausgebracht. In Wien gab es in 150 Jahren fast ebenso viele verschiedene Wiener

Pfennige. Kaiser Friedrich II., der Enkel Barbarossas, hatte nach dem Tode des letzten Babenbergers das Herzogtum Österreich dem staufischen Reich einverleibt und in Wien in Fortsetzung der Babenberger Pfennigprägung nunmehr kaiserliche Brakteaten geschlagen.

Von Erzbischof Wichmann von Magdeburg sind mehr als 70 verschiedene Prägungen bekannt; Erzbischof Wichmann scheint der erste gewesen zu sein, der die eigenen Münzen selbst wieder aufrief, während doch nach der Rechtsregel des »Sachsenspiegels« die Münzerneuerung nur bei Herrschaftswechsel erfolgen sollte. Die Münzverrufung wurde unter seiner Herrschaft zweimal im Jahre vorgenommen, am 4. Fastensonntag vor Ostern und an Mariä Himmelfahrt, am 15. August; wahrscheinlich waren diese Termine auch Markttermine. Für 12 alte Pfennige wurden jeweils 9 neue Pfennige gegeben. Von den Erträgnissen dieser Münzerneuerung kann man sich ungefähr ein Bild machen, wenn man erfährt, daß Erzbischof Wichmann einige Jahre verpflichtet war, aus der »moneta Magdeburgensi« jährlich 236 Mark Silber – die »Kölnische Mark« zu 233 g oder rund 240 Denarii – an den Domschatz abzuführen. Das waren also jeweils mehr als 56 000 Silberpfennige!

Das Verfahren des Erzbischofs Wichmann machte sehr bald Schule; schon prägten auch die Bischöfe von Halberstadt und Hildesheim solche Münzen, die Askanier und die Welfen, die Landgrafen von Thüringen – zu jener Zeit, als die Wartburg erbaut wurde – und zahlreiche Abteien und Städte. Zu den schönsten Prägungen der damaligen Zeit zählen die Halberstädter Stephans-Pfennige, die sicherlich nicht wenig zur Finanzierung der im 12. Jahrhundert entstandenen berühmten Chorschranken in der Halberstädter Liebfrauenkirche beigetragen haben. Auch die Kaiserlichen Münzstätten Barbarossas prägten solche »Brakteaten«, wie man diese dünnen, leicht zu brechenden und zu teilenden Münzen allerdings erst in der Folgezeit nannte.*

---

* Soweit man unter Brakteaten numismatisch lediglich die einseitig geprägten Münzen versteht, sind diese natürlich nicht die Erfindung des Erzbischofs Wichmann. Wichmann hat jedoch die halbjährliche Münzerneuerung eingeführt. Dies bezeugt auch die Magdeburger Schöppenchronik: »He leit ok erst twie in dem jare

In den brandenburgischen Landen war es nach Luschin von Ebengreuth (»Grundriß der Münzkunde«, S. 62) üblich, den Abschlag auf die Laufzeit der Münze zu verteilen, um ihn nicht allzu fühlbar werden zu lassen. So wurden im ersten Vierteljahr 12 Pfennige auf den Schilling gerechnet, im zweiten Vierteljahr 13 Pfennige, im dritten Vierteljahr 14 Pfennige, dann 15 Pfennige, und nach dem Ablauf des vierten Vierteljahres erfolgte die Verrufung des alten Pfennigs, von dem nun 16 Stück auf den Schilling abgeführt werden mußten. Der neue Pfennig aber kam wieder zu 12 Stück auf den Schilling in Umlauf, also zum alten Wert.

Über den materiellen Nutzen, den der Schlagschatz den Münzherren einbrachte, gehen die Ansichten der Forscher auseinander. Er mag eben durchaus unterschiedlich gewesen sein, da es auch von der Geschicklichkeit der Münzer abhing, aus einem gegebenen Metallbestand nach dem Umschmelzen und unter Einhaltung bestimmter Mindestgewichte der Münzen möglichst viel herauszuholen. Luschin von Ebengreuth erwähnt (a. a. O., S. 62) das Kloster Melk, das nach seinen Aufzeichnungen durch die Münzverrufung in einem Jahr allein soviel eingebüßt habe, daß der Verlust etwa dem zehnten Teil des Münznutzens entsprochen habe, den der Herzog aus dem ganzen Lande zog. Das wäre ein hoher Verlust beziehungsweise für den Münzherrn ein sehr bescheidener Gewinn gewesen. Erzbischof Wichmann von Magdeburg hat in dieser Hinsicht offenbar mehr Gewinn herausgeholt, obwohl auch in Magdeburg die Ausprägung »al marco« stattfand, d. h., ein Pfund Pfennige (= 20 Schilling zu je 12 Pfennigen) mußten das Gewicht einer Mark haben.

Während technisch gut ausgeführte und durch ihre Prägungen auch kunstgeschichtlich wertvolle Brakteaten vornehmlich aus den Münzstätten Magdeburg, Halle, Erfurt, Halberstadt, Goslar wie auch aus den Münzstätten von Friedrich Barbarossa, Heinrich dem Löwen und dem wendischen Fürsten Jaczo von Köpenick herrühr-

---

penninge slan, des vore nue was: men sloh to voren penninge to eines Bischops live.« Danach geht die Verrufung in Magdeburg auf Erzbischof Wichmann persönlich zurück, da sie vorher nicht bestand (s. A. Suhle: »Das Münzwesen Magdeburgs ...«, S. 4).

ten und bis in die Mitte des 14. Jahrhunderts reichten, wurden kleinere Brakteaten mehr in Niedersachsen, dort aber bis in die Hälfte des 16. Jahrhunderts, geprägt.

Eine Besonderheit stellten die Pfennige aus dem Nürnberger Münzgebiet dar. Sie waren kleiner als die mitteldeutschen Brakteaten und zeigten beidseitige Prägung, wobei die Prägung der einen Seite allerdings in der Regel ziemlich starke Zerstörungen aufwies. Es liegt hier auch der Gedanke nahe, daß es sich bei diesen Münzen vielleicht jeweils um Umprägungen der vorher gängigen Pfennige gehandelt haben könnte, so daß die vermeintliche Rückseitenprägung eigentlich nur die gelöschte frühere Prägung darstellte. Der große Hersbrucker Brakteatenfund, der sich im Hirtenmuseum in Hersbruck befindet, weist ausschließlich solche Münzen auf, vermutlich aus den Prägestätten Nürnberg, Regensburg, Donaueschingen und Ingolstadt. Es sind vorzüglich herausgearbeitete Münzbilder, aber die Ränder sind offensichtlich von Hand beschnitten, was bei dem dickeren Material mühseliger war als bei den dünner ausgeprägten mitteldeutschen Brakteaten.

Eine zu den Brakteaten gehörende Münze stellen auch die »Schüsselpfennige« dar, die wegen der schüsselförmigen Gestalt der Schrötlinge so genannt wurden und die vornehmlich im Westen, im Rheinland, in Niedersachsen, Braunschweig und Lüneburg zu Hause waren. Das eigentliche Verbreitungsgebiet der Brakteaten reichte in Norddeutschland im Westen bis an die Weser, im Norden bis an die Nord- und Ostsee; den Kern bildete, wie gesagt, die Magdeburger Gegend, Thüringen, der Harz, die Mark Brandenburg, die Mark Meißen; daran schlossen sich die Oberlausitz, Schlesien und weiter östlich und südöstlich noch Polen und Böhmen an.

Ein zweites Verbreitungsgebiet, das sich – wie Prof. Suhle in seinem bereits zitierten Buch über »Die deutschen Münzen des Mittelalters« hervorhebt – im Stil der Prägungen von dem erstgenannten Bereich merklich unterschied, begann südlich des Mains, umfaßte Schwaben, Württemberg, die Bodenseegegend mit dem Zentrum Konstanz und den Schweizer Städten Basel, Bern, St. Gallen u. a. und reichte nach anderen Quellen bis nach Österreich, wo in

Wien eine regelmäßige Münzerneuerung geübt wurde. So mag es wohl richtig sein, was Corragioni in seiner »Münzgeschichte der Schweiz«, Genf 1896, schrieb: »Brakteaten waren die einzige Geldsorte, die vom 12. bis 15. Jahrhundert bei uns Geltung hatte.«

In der landläufigen Geschichtsbetrachtung scheint es über diese Epoche des Münzwesens eine ziemlich feststehende Ansicht zu geben: die Mannigfaltigkeit und der ständige Wechsel der Prägungen werden sehr abschätzig beurteilt und gelten als Zeichen einer völligen Zerrüttung der Geldordnung, eines »heillosen Münzenwirrwarrs«, wie beispielsweise Johannes Scherr sich in seinem Werk »Deutsche Kultur- und Sittengeschichte« ausdrückt (s. a. a. O., S. 246).

Dieser Wertung geschichtlicher Tatbestände liegt aber offensichtlich eine im Mittelalter unbekannte, erst in der neueren Zeit aufgekommene Überbewertung der Uniformität, der Gleichheit, Gleichmäßigkeit, Einheitlichkeit, Einigkeit und Einheit in allen Dingen zugrunde. Auf den Sinn der Sache bezogen, stellen indessen diese Äußerlichkeiten keinesfalls die entscheidenden Werte dar, und es ist ebenso oberflächlich wie töricht, danach urteilen zu wollen. Dem Mittelalter kam es darauf an, im übersehbaren Raum Ordnung zu haben; und dem Fahrenden, der in die Fremde kam, war hinreichend damit gedient, wenn die Ordnung draußen grundsätzlich gleichartig war, wenn sie also von den gleichen Prinzipien getragen wurde und danach ablief.

Im übrigen könnte man fast sagen, daß das Mittelalter rein intuitiv volkswirtschaftlich klüger gehandelt hat, als unsere Geschichtsforscher mitunter einzusehen vermögen. Es dürfte nämlich durchaus sinnvoll gewesen sein, die Einwohner in den neuen Kolonisationsgebieten des Ostens von der primitiven Schatzbildung abzubringen und sie zum richtigen Gebrauch des Geldes als Zirkulationsmittel zu erziehen. Dazu bedurfte es wohl nachhaltiger, ständig wiederkehrender Impulse, die durch die regelmäßig erfolgende Geldverrufung auch tatsächlich wirksam wurden.

In den Gebieten der entwickelteren Kultur des Westens, wo Handel und Handwerk, Kunst und Gelehrsamkeit schon weiter fortgeschritten waren, genügte ganz offensichtlich die einfache Regelung der »Renovatio monetarum«, die eine Münzerneuerung nur beim Wechsel der Herren vorsah. Zu bemerken bleibt allerdings, daß sich auch hier die gekrönten Häupter nicht allezeit an diese Regel hielten. In Frankreich war es Philipp der Schöne (1285–1314), der sich mit wiederholter Münzverrufung ziemlich einträgliche Finanzquellen erschloß.

Da es sich im Westen um ein entwickelteres Geldwesen, um eine größere Mannigfaltigkeit von Silber- und Goldmünzen handelte, wurde die Willkür von Münzverrufung allgemein als schädlich empfunden. Es war auch allzu offensichtlich, daß es den Münzherren nur noch auf den Gewinn aus der Verschlechterung des Metallgehaltes ankam, ein Motiv, das ursprünglich bei den Brakteaten nicht vorlag.

Im allgemeinen aber wurde die Regel der »Renovatio monetarum« ziemlich streng eingehalten. Nur beim Wechsel der Herren war eine Münzerneuerung erlaubt, zwischenzeitlich war sie allenfalls vor dem Antritt eines Kreuzzuges statthaft.

Daraus ist zu ersehen, daß zwischen den Gebräuchen des fortgeschritteneren Westens und dem eigentlichen Brakteatengeldwesen nur gewisse Gradunterschiede bestanden. Tatsächlich hat die »Renovatio monetarum« bis weit über die Grenzen des eigentlichen Brakteatengebietes hinaus ihre Gültigkeit und Wirkung gehabt. So weiß z. B. auch Fritz Schwarz in seiner Schrift »Vorwärts zur festen Kaufkraft des Geldes« zu berichten, daß selbst in England eine derartige Geldsteuer erhoben wurde (s. a. a. O., S. 54).

Bei Beurteilung dieser Dinge darf man sich also nicht davon beeindrucken lassen, daß es fast aussichtslos ist, die Fülle der Prägungen und die innerhalb eines großen Wirtschaftsraumes während einer Zeit von 300 Jahren zustandegekommenen Unterschiedlichkeiten fein säuberlich zu rubrizieren. Wesentlich ist allein die ungeheuerliche volkswirtschaftliche Auswirkung, die durch die überall gleichartig gehandhabte »permanente Gelderneuerung« zustande kam. Die unter solchen Verhältnissen unmöglich gewordene Hortung und Schatzbildung wurde ständig umgewandelt in pulsierende Nachfrage nach den Erzeugnissen des Gewerbefleißes.

Niemand im weiten Raum der mittelalterlichen Welt wäre so einfältig gewesen, dieses Brakteatengeld oder auch die sonstigen der zeitweiligen Erneuerung unterworfenen Handelsmünzen, die morgen oder in einigen Wochen vom Bischof oder Landesherrn aufgerufen und gegen Abzug eines Schlagschatzes gegen neues Geld eingezogen werden konnten, länger als verkehrsnotwendig zu behalten oder gar mit Bedacht zu horten.

In diesem Umstand liegt, soweit von ökonomischen Zusammenhängen die Rede sein kann, die logische Wurzel für jene gewaltige Dynamik, aus der die gesamten Leistungen der gotischen Epoche entstanden sind. Es liegt in dieser Entwicklung eine zwingende Folgerichtigkeit. Die schon mit der Münzordnung Karls des Großen begonnene Auflösung der frühmittelalterlichen Schatzbildung, die Einschmelzung der Prunkstücke, die Edelmetallzufuhr aus dem wiederaufgenommenen Silbererzbergbau haben den Anfang eines kulturfördernden Geldverkehrs ermöglicht; und die nun um die Mitte des 12. Jahrhunderts um sich greifende fortlaufende Münzerneuerung verhinderte jetzt auf volle drei Jahrhunderte hinaus ein erneutes Horten, Konzentrieren und Erstarren des Geldes!

Alle kaufmännische Tüchtigkeit, aller Fleiß, alle handwerkliche Kunstfertigkeit und Erfindungsgabe, durch gegenseitige Befruchtung gefördert, konnten nur in den Erzeugnissen und realen Gestaltungen des Gewerbefleißes selbst Wohlhabenheit und Reichtum schaffen. So ist es für diese Zeit richtig, daß die Kapitalbildung, insofern das Kapital aus Münzgeld bestand, dadurch unmöglich wurde, daß das Geld einzig als Tauschmittel und nicht gleichzeitig als Schatzmittel verwendbar war (s. L. v. Ebengreuth: »Allgemeine Münzkunde und Geldgeschichte des Mittelalters«, 1926). Demgegenüber hat sich aber die Kapitalbildung in anderer Form um so großartiger entwickelt.

Da indessen ein jedes Ding zwei Seiten hat – weil nun einmal dem »einen sin Uhl« dem »andern sin Nachtigall« ist –, gibt es begreiflicherweise auch Klagen über diese periodisch wiederkehrende Münzverrufung. So findet der böhmische Chronist Cosmas die Wirkung dieser Einrichtung »ärger denn Pest, verheerender als Feindeseinfall, Hungersnot und andere Landplagen«, denn in seiner Vorstellung war die monetäre Schatzbildung wichtiger als die wertschaffende Zirkulation.

MITTELALTERLICHE WIRTSCHAFTSBLÜTE

Obwohl die Wirtschaft des hohen Mittelalters neben Viehzucht und Ackerbau nur die handwerkliche Erzeugung von Gütern kannte, kann man mit Fug und Recht von einer über Jahrhunderte anhaltenden Wirtschaftsblüte sprechen, neben der sich die Konjunkturen der Neuzeit – was ihre Dauer und Verläßlichkeit anbelangt – doch ziemlich kläglich ausnehmen.

In diese Zeit fiel die Entstehung der deutschen Stadt, des deutschen Bürgertums, der Handwerkszünfte und Kaufmannsgenossenschaften. Hatten die Klöster handwerkliche Künste und Fertigkeiten gelehrt, so kam es nun darauf an, sie nutzbar zu machen; hatte der Kaiser, der Bischof, der Landesherr Geld ausgegeben, dem Handel und Wandel zu dienen, so mußte man sich regen, zum Markte ziehen, um zu sehen, was man erwerben konnte.

Städte entstanden um die Sitze von geistlichen und weltlichen Grundherren, wie Burgen im ebenen Land, mit schützenden Mauern umzogen. Und der Landesherr gab dem Flecken das Marktrecht. Der Mann, der im Schutze der Stadtmauer lebte, fühlte sich wie ein Bewohner der Burg als »Bürger«. Der Markt zog Fremde heran und Bewohner des Landes, die ihre Produkte zum Verkauf brachten und städtische Gewerbeerzeugnisse einhandelten. So hatte der Bürger, der ein Handwerk ausübte, bald seinen laufenden Absatz und konnte sich sagen: »Handwerk hat einen goldenen Boden.« – Kein Wunder, daß der Zustrom vom Lande zur Stadt ständig zunahm und dort Haus an Haus sich drängte, bis die Mauer gesprengt und die Stadt erweitert werden mußte.

Die Stadt bot neben wirtschaftlichen Vorteilen auch noch die persönliche Freiheit, während der Bewohner des Landes als Unfreier seinem Grundherrn außer zu Zehntabgaben auch noch zu Dienstleistungen verpflichtet war. Ein Jahr in der Stadt zu leben machte ihn nach dem Recht der Stadt zu einem freien Bürger, gleichgültig, woher er kam und was er vorher gewesen war. Aber persönliche Freiheit der schaffenden Menschen gehört ja mit zur Entfaltung wirtschaftlicher Blüte. Lebendige Tatkraft, Schaffen und Wagen, Erfinden und Verbessern ist immer nur möglich, wenn sich alle Kräfte regen können, durch sinnvolle Auswirkungen gefördert und bestätigt. Darin liegt alles, was zur Wirtschaftsblüte gehört, denn Arbeitswille, Erfindungsgabe, Tüchtigkeit, Hunger und Liebe sind allezeit da.

Dieser sinnvolle Ablauf für die gesamte produktive Tätigkeit aller Stände lag also in dieser Epoche des Mittelalters in einer zunehmenden Nachfrage nach allen Erzeugnissen des Gewerbefleißes; und diese zunehmende Nachfrage wurde verkörpert von klingenden Münzen, die nirgends zum Rasten kamen, in keinem heimlichen Hort verschwanden, sondern heute beim Schuhmacher, morgen beim Gewandschneider und übermorgen beim Pfannenschmied Absatz schafften.

Hier, in der werdenden und wachsenden Stadt, offenbarte sich am klarsten und eindrucksvollsten, daß Arbeitsteilung und Leistungsaustausch einem jeden die Gewähr der Geborgenheit zu geben vermögen. Lebenssicherheit vermittelt Freude am Schaffen, und emsiger Fleiß durchpulst das Leben der Gemeinschaft. Aus handwerklichen Fertigkeiten entwickeln sich Künste; aus schlichten und einfachen Erzeugnissen und Geräten des täglichen Gebrauchs wurden allmählich gediegene Produkte und Handelswaren, die ihren Weg ins Land hinaus und nach anderen Städten fanden.

Die wichtigsten Tage des Güterumsatzes waren die Tage des Marktes. Oft wurde der Markt auch im Anschluß an kirchliche Feiern abgehalten, da zu diesem Anlaß ohnehin viel Volk in die Stadt strömte. Zur Messe zu gehen war gleichbedeutend mit einer Fahrt zum Markte; so wurden bedeutende Märkte im Laufe der Zeit zu »Messen«, auf denen neben heimischen Erzeugnissen auch seltene Waren aus fernen Ländern und Städten feilgeboten wurden.

Machtvoll regte sich das Leben in Augsburg, Nürnberg, Wien, Regensburg, in den Städten an den natürlichen Handelsstraßen der Flußläufe und Gebirgstäler; Frankfurt – in der bevorzugten Rhein-Main-Lage – bekam den Ruf eines »Oberhauptes aller Messen der Welt«, denn soviel Sterne der Himmel zähle, so vielerlei Handelszweige und Warenarten biete der Frankfurter Markt. Aber mögen auch einzelne Städte einen besonders glänzenden Aufstieg genommen haben, so waren dies doch keine Ausnahmen, sondern nur Höhepunkte einer allgemeinen Entwicklung. Diese Zeit des hohen Mittelalters hat allgemein mit der Entwicklung der Stadt ein geschichtlich bedeutungsvolles Gebilde des sozialen Lebens hervorgebracht. Die mittelalterliche Stadt ist die ureigene Schöpfung des Bürgers. Sie ist anders als die Städte der Griechen und Römer. Dort Tempel und Paläste als Schöpfungen der Mächtigen und Reichen neben oftmals dürftigen Unterkünften, Hütten und Höhlen für das niedere Volk. Hier aber – wohl auch um den Herrensitz, um die Pfalz des Kaisers oder die Residenz des Bischofs herum – Bürgerhäuser, ursprünglich schlicht und einfach, doch mit wachsendem Wohlstand geräumiger, wohnlicher und schöner werdend. So mag der Ruhm Griechenlands und Roms von seinen Tempeln und Palästen ausstrahlend in die Welt getragen worden sein; Ansehen, Reiz und Geltung der mittelalterlichen deutschen Städte hatten ein anderes Fundament. Was den Besucher dieser Städte mit Bewunderung und Entzücken erfüllte, war die in absichtslosem Wachsen und Werden der dichtgedrängten Ansiedlung zustandegekommene natürliche Harmonie. Und diese wiederum war ja nur das sichtbare Ergebnis eines sozialen Zustandes, einer inneren Ordnung der Stadtgemeinschaft, wie sie sich im Zusammenleben freier Menschen, in ihren städtischen Gliederungen und ihrer auf gegenseitige Rücksichtnahme ausgerichteten Selbstverwaltung entwickelte. Auch das letztgenannte ist nicht unwesentlich – irgendwo bei Oskar Spengler findet sich der Hinweis darauf, daß kein mittelalterliches Stadtbild die beleidigende Front einer kahlen Brandmauer zeigt, die unsere modernen Städte überall aufweisen. – Noch war die Gemeinschaft echt und lebendig, noch waren die sozialen Unterschiede nicht gemeinschaftzerstörend, denn sie waren – zumindest unter der Einwohnerschaft der Stadtbürger – doch wesentlich durch echte Leistungsunterschiede bedingt und darum naturgemäß von größerer Ausgeglichenheit und weniger einer zersetzenden sozialen Unzufriedenheit ausgesetzt.

Dabei war die Brakteatenprägung, wie schon im vorhergehenden Kapitel ausgeführt, im Westen wenig verbreitet. Daß Kaiser Heinrich VI. in Frankfurt Brakteaten schlagen konnte, war schon fast eine Ausnahme. In Köln hat Erzbischof Philipp dem Kaiser anno 1190 das feierliche Versprechen abgenommen, die Münzrechte des Kirchenfürsten zu respektieren und innerhalb der Kölner Diözese nur in Dortmund und Duisburg prägen zu lassen. In Köln waren die bischöflichen Pfennige zweiseitig geprägt, im Silbergehalt und Gewicht gleich den alten karolingischen Pfennigen. Daß dessen ungeachtet die allgemeine Wirtschaftsblüte des Mittelalters, die wir uns hier aus der Brakteatengeldwirtschaft zu erklären versuchen, sich auch am Rhein, in Flandern und Burgund entfalten konnte, dürfte seinen Grund, wie ebenfalls schon gesagt, in der Hauptsache darin haben, daß die einfache Münzerneuerung beim Herrschaftswechsel im Westen ausreichend darauf hinwirkte, das Geld in der werteschaffenden Zirkulation zu halten. Und wo sollte nun diese durch beständige Arbeit zustandegekommene Wertschöpfung in Erscheinung treten, wenn nicht an den bevorzugten Plätzen, an denen sich das Gewerbe gegenseitig förderte und an denen die reisenden Kaufleute sich trafen? – Das waren die mittelalterlichen Städte.

Als das Ideal einer schönen Stadt wurde sehr früh schon Nürnberg angesehen. Italienische Schriftsteller der damaligen Zeit glaubten, nie eine schönere Stadt als Köln gesehen zu haben; ebenso wurden Mainz, Worms, Speyer, Trier, Straßburg, Basel, Aachen und andere Städte gerühmt. Montaigne gab noch im 16. Jahrhundert Augsburg den Vorzug vor Paris.

Wie großartig die Wirtschaftsblüte dieser Jahrhunderte gewesen sein muß, kann man vielleicht am besten daran ermessen, daß die Gründung von Städten erst mit dem 12. Jahrhundert mit dem Beginn der Brakteatengeldwirtschaft, d. h. mit dem Beginn der dadurch verursachten Konjunkturperiode, richtig eingesetzt hat. Und der riesenhafte Aufwand, den diese Leistung bedingte, kam fast spielend aus vorhandener Schaffenskraft und Regsamkeit. Nichts davon, daß unter Opfern und Verzicht des breiten Landes einige wenige Plätze glanzvolle Städte erstehen sehen durften; die neuen Städte entstanden überall im deutschen Lande, 2000 bis 3000 an der Zahl!

Von dieser großen Zahl der Städte waren freilich 90 Prozent

Kleinstädte mit weniger als 1000 Einwohnern; dennoch waren es Städte, denn das Wesen der Sache liegt nicht in der Zahl und der Masse, sondern im Geist, der das Gebilde prägt. Wir können noch heute Orte antreffen, die ehemals freie Reichsstädte waren, dann aber, abseits der Heerstraßen moderner Entwicklung im Dornröschenschlaf versunken, bei 2000 bis 3000 Seelen stehenblieben; und wir werden doch bei jedem Schritt, den wir tun, fühlen, daß wir auf dem Boden einer Stadt stehen – während vielleicht eine Industrieansiedlung von zehnfacher Kopfzahl dieses Gefühl nicht gibt.

Große Städte mit mehr als 1000 Einwohnern gab es nur etwa fünfzehn an der Zahl. Köln hatte etwa 30 000 Einwohner, Lübeck zählte im 14. Jahrhundert 25 000 Einwohner, Augsburg und Nürnberg hatten nach Adolf Damaschke im 15. Jahrhundert noch nicht mehr als 18 000 bis 20 000 Einwohner, Frankfurt am Main 9000, Mainz 6000; diese Einwohnerzahlen müssen wir auch im Auge behalten, wenn wir die erstaunlichen Bauleistungen der Gotik betrachten, für deren Finanzierung wir uns eigentlich eine breitere Basis vorgestellt hatten.

Um aber hier noch eine Schilderung zeitgenössischer Berichterstatter anzuführen, sei besonders darauf verwiesen, was Kardinal Silvio de Piccolomini, der spätere Papst Pius II., vom wirtschaftlichen Wohlstand, vom Leben und Treiben Wiens erzählte und was Bonifini, der die Stadt um 1490 besucht hatte, enthusiastisch bestätigt:

»Wie ein Palast liegt die eigentliche Stadt inmitten ihrer Vorstädte, deren mehrere an Schönheit und Größe mit ihr wetteifern. Jede Wohnung hat ihr Sehenswertes, ihr Denkwürdiges. Fast jedes Haus hat seinen Hinterhof und seinen Vorhof, weite Säle, aber auch gute Winterstuben. Die Gastzimmer sind gar schön getäfelt, herrlich eingerichtet und haben Öfen. In alle Fenster sind Gläser eingelassen, viele sehr schön bemalt, durch Eisenstäbe gegen Diebe geschützt. Unter der Erde sind weite Weinkeller und Gewölbe. Diese sind den Apotheken, Warenniederlagen, Kramläden und Mietwohnungen für Fremde und Einheimische gewidmet. In den Sälen und Sommerstuben hält man so viele Vögel, daß der, der durch die Straße geht, wohl wähnen möchte, er sei inmitten eines grünen, luftigen Waldes. Auf den Gassen und Marktplätzen wogt das lebendigste Treiben. Vor dem letzten Krieg wurden ohne Kinder und erwachsene Jugend 50 000 Seelen und 7000 Studenten gezählt. Ungeheuer ist der Zusammenfluß der Kaufleute, und so wird hier massenhaft viel Geld verdient ... Wiens ganzes Gebiet ist nur ein großer herrlicher Garten, mit schönen Rebhügeln und Obstgärten bekrönt, mit den lieblichsten Landhäusern geschmückt« (s. J. Scherr: »Deutsche Kultur- und Sittengeschichte«, S. 231).

Vergessen wir nicht, solche Schilderungen betreffen – nochmals gesagt – nicht die Ausnahmen, sondern nur die Höhepunkte eines allgemeinen Zustandes. Und wenn es auch eine enthusiastisch-liebenswürdige Übertreibung gewesen sein mag, als Silvio Piccolomini ausrief: »Wo ist ein deutsches Gasthaus, wo man nicht von Silber äße? – Wo ist eine nichtadlige, sondern bürgerliche Frau, die nicht von Gold schimmert?« – so gibt es doch der Zeugnisse eines erstaunlichen Wohlstandes noch viele.

Wir brauchen uns nur zwischen den Giebeln unserer Altstädte umzusehen, wo diese Zeugen der Vergangenheit noch stehen, oder mit offenen Augen durch Orte wie Nördlingen, Rothenburg ob der Tauber, Hildesheim, Marburg, Miltenberg und Dinkelsbühl zu wandern, um zu begreifen, was der Chronist von Dinkelsbühl zum Schluß seiner Aufzeichnungen mit ehrlichem Stolz erklären konnte: »Ich glaube, den Beweis erbracht zu haben, daß in diesem Gemeinwesen sowie in den 60 anderen deutschen Reichsstädten ... einmal wenigstens ein Optimum der Menschheit erreicht worden ist.«

UNVERGÄNGLICHE KULTURSCHÖPFUNGEN

Nach einem guten und verläßlichen Grundsatz beurteilt man den Wert einer Epoche an ihren Kulturschöpfungen, vornehmlich an ihrer Architektur. Daran läßt sich ein untrügliches Urteil bilden; da gibt es keine Täuschung. Von den innersten Dingen der geistigen Haltung über den Leistungsgrad handwerklicher und künstlerischer Fertigkeiten bis zum wirtschaftlichen und volkswirtschaftlichen Aufbringungsvermögen ist alles Wissenswerte aus den Baudenkmälern einer Zeit zu erkennen.

Nun gibt es zwar geschichtsphilosophische Betrachtungen, wonach bedeutende Kulturschöpfungen nur auf dem Fundament von Sklaverei und Ausbeutung möglich seien, was man gerne an den Kulturen des Altertums an Tempel- und Pyramidenbauten beweist. Wir werden indessen bald sehen, daß die Kultur des gotischen Mittelalters diese Auffassung Lügen straft. Man kann mit der Zusammenballung von Sklavenarbeit unbestritten Überdimensionales schaffen; aber die Zeit der Gotik hat ihre Schöpfungen in Freiheit, ohne Zwang, aus dem Reichtum überschäumender Leistungsfähigkeit und unerschöpflichen Opferwillens der Menschen zustande gebracht. Und dieser Opferwille war keinesfalls die Kehrseite von Darben und Hungern um eines idealen gottgefälligen Werkes willen, sondern er kam – jahrhundertelang – aus der Quelle echten Überflusses.

So selbstverständlich es sein mag, daß die Gestaltungen der Kultur an geistige Vorbedingungen geknüpft sind, so selbstverständlich ist es auch, daß die wirtschaftlichen Vorbedingungen das Fundament darstellen, ohne das die herrlichsten Ideen niemals Form gewinnen, sondern nur kläglich im luftleeren Raum verkümmern können. Dennoch werden die Ideen stets das Wesentliche sein, denn der Stoff wird vom Geist geformt.

Für die Kulturschöpfungen der in Rede stehenden Jahrhunderte ist wesentlich bestimmend, daß sie im Boden des Christentums wurzelten. Das ganze Mittelalter war ausgefüllt von der Ausbreitung der christlichen Lehre, und es ist wohl kaum zuviel gesagt, wenn wir heute feststellen, daß die Epoche der Gotik vielleicht die höchste Entfaltung und schönste Blüte des Christentums darstellte, die jemals erreicht worden ist, die aber im Bewußtsein der nachfolgenden Zeit unterging durch das, was ihr unmittelbar folgte. Entartung, Verfall, Erstarrung und Machtwille, Aufstand von Reformen bis zum endlichen Ausbruch offener Religionskriege haben geschichtlich den stärkeren Eindruck hinterlassen. Nur wenn wir über diese Schuttberge hinwegsehen und festzustellen vermögen, was an Lauterkeit, Echtheit und gestaltender Kraft dahinter lag und einstmals wirksam war, werden wir begreifen, welche überragende Bedeutung dem Christentum zukommt – ganz unabhängig davon, wie sich Religion im allgemeinen und Christentum im besonderen vor dem Forum unseres hochmütigen wissenschaftlich-materialistisch wägenden und messenden Verstandes rechtfertigen lassen.

Die gewaltige geschichtsbildende Wirkung ging einfach von der Tatsache aus, daß der Glaube an eine Gotteskindschaft der Menschen für die soziale Entwicklung von unabsehbarer Tragweite war. Die Lehre des Christentums fiel zuerst in die Herzen der Armen, der Entrechteten, der Sklaven und Hörigen und gab ihnen das Gefühl der bis dahin vorenthaltenen Menschenwürde. Hierauf basieren Menschenrechte und persönliche Freiheit, Achtung des Nächsten, Sitte und Ordnung, je mehr sich diese Grundanschauung in den Menschen festigte. Sobald aber der Mensch sich in Freiheit bewegen, in Sitte und Ordnung schaffen und gestalten kann, was in seinen Fähigkeiten liegt, wird ein unabsehbares Feld von Möglichkeiten erschlossen. So hat, von dieser Seite her gesehen, der Siegeslauf des Christentums seine geschichtliche Bedeutung für die Entwicklung der Welt bekommen. In der Denkweise und Ausdrucksweise der Politik bedeutete das Christentum die größte und erfolgreichste Revolution! – Man denke doch nur: Die Lehre, die den Armen und Entrechteten gepredigt worden war und die diesen Menschen ewige unveräußerliche Rechte zubilligte, hat auch die mächtigen und natürlichen Feinde solcher Ideen und Vorstellungen, die Reichen und Mächtigen, in die Knie gezwungen und sich von Jahrhundert zu Jahrhundert mehr durchgesetzt. Darin liegt der entscheidende und doch unblutige Sieg – als die christliche Kirche schließlich Schwert und Feuer zu Hilfe nahm, um sich weiter durchzusetzen und die eigene Macht zu mehren, war dies ja ihre Sünde wider den Geist Christi und der Beginn ihres Zerfalls.

Immerhin bleibt aber doch, daß die Lehre des Christentums die größte soziale Bewegung der abendländischen Welt auslöste. Es gibt keine andere Revolutionsidee, die dasselbe vermocht hätte. Die größte soziale Heilslehre der modernen Welt, der Marxismus, hat schließlich innerhalb eines einzigen halben Menschenalters aus sich selbst heraus die neuen Unterdrücker entstehen lassen, nachdem die früheren nicht bekehrt, sondern nur einfach liquidiert worden waren.

Derartige Betrachtungen mögen hier vielleicht nur am Rande von Bedeutung sein. Dennoch sollten sie nicht ganz übersehen werden, weil die großartige Kulturblüte der Gotik – wenn sie auch stofflich-materiell aus dem realen Leistungsvermögen einer dreihundertjährigen Wirtschaftsblüte hervorging – nur aus dem Christentum heraus verstanden werden kann. Hier müssen die Maßstäbe rationalistischen Denkens versagen; und im übrigen haben schließlich alle Völker zu allen Zeiten ihre herrlichsten Bauten dem Kult gewidmet.

Die Entwicklung der Gotik fällt also unzweifelhaft in die Periode der dreihundertjährigen mittelalterlichen Hochkonjunktur, die wir uns ohne Brakteatenzirkulation und ohne »Renovatio monetarum« gar nicht vorstellen können. In Übereinstimmung damit sind gotische Bauten im gesamten Bereich dieser erstaunlichen Wirtschaftsblüte anzutreffen, und in Übereinstimmung damit sind auch viele Bauwerke dieser Epoche, die nicht bis zum Ende des 15. Jahrhunderts fertig geworden waren, nie mehr im ursprünglichen Entwurf vollendet worden. Ferner ist es in kunstgeschichtlicher Betrachtung auffallend und bestätigt ebenfalls den genannten Zusammenhang, daß es von keiner Stilepoche eine so erstaunliche Fülle von Baudenkmälern gibt wie von dieser Zeit der Gotik. Kein Zweifel, diese drei Jahrhunderte des ausgehenden Mittelalters haben den größten Aufwand für kulturelle Leistungen erbracht, den die Menschheit jemals für solche Werke einsetzte; ein schöner Beweis dafür, daß wirtschaftliches Wohlergehen nicht immer nur zum flachen Lebensgenuß und zu geistiger Verarmung, sondern auch zu echten Höhen führen kann. Die Gotik hatte aber auch, was ihre Auftraggeber und Ideenträger betrifft, in Bürgertum, Adel und Geistlichkeit die breiteste Basis, die wir uns denken können, während die nachfolgenden Stilepochen der Renaissance, des Barock und gar des Rokoko auf fortschreitend dünner werdende Oberschichten der Macht und des zusammengeballten Reichtums angewiesen waren.

Die ersten Beispiele gotischer Baukunst finden wir in Nordfrankreich. Notre-Dame, Paris; die Kathedralen von Reims, von Chartres, von Amiens, von Rouen, Le Mans, Abbeville und anderen Orten sind hier zu nennen. Von Frankreich aus verbreitete sich der neue Baustil über ganz Nord- und Mitteleuropa, auch über England, wo Canterbury, Oxford, Gloucester und andere Städte wundervolle Zeugnisse dieser Baukunst aufweisen.

Ihre eigentliche Entfaltung und tiefste Wirkung – bis in den Profanbau hinein – hat die Gotik aber doch in Deutschland gefunden. Darum war auch die Bezeichnung »gotisch« ursprünglich als Schimpf geprägt; mit dieser Kennzeichnung wollten die Italiener als die Erben älterer römisch-griechischer Kultur den neuen Stil als das Werk der Goten, der Barbaren, verächtlich machen.

Noch Goethe glaubte auf Grund dieser zu seiner Zeit noch weit verbreiteten Urteile im Straßburger Münster ein »mißgeformtes krausborstiges Ungeheuer« vorzufinden und war von der Wirklichkeit des Bauwerkes aufs äußerste überrascht; sein 1771 geschriebener Aufsatz »Von deutscher Baukunst« gibt hiervon Kunde (s. H. Jantzen: »Kunst der Gotik«, Rowohlt, Hamburg, S. 157/158).

Der Sinn des Begriffes »Gotik« hat sich also später gewandelt, doch blieb das eigentliche Grundgefühl der Gotik, diese wahrhafte Inbrunst des Aufwärtsstrebens, dem Süden fremd. Dem deutschen Empfinden dagegen war dieses Grundgefühl etwas geistig Verwandtes, unbeschadet seiner Herkunft aus Frankreich. Im übrigen waren um diese Zeiten die Unterschiede im Naturell der Menschen diesseits und jenseits des Rheins noch kein Faktor von Bedeutung – lag doch die Teilung des karolingischen Reiches, durch welche »Westfranken« zu Frankreich wurde, erst 300 Jahre zurück. Und so war der neue Stil dem Deutschen nichts Artfremdes, ja er wurde sehr rasch erfaßt und zu einem durchaus eigenen Ausdruck seiner besten Seelenkräfte entwickelt, das Empfinden ergreifend, revolutionierend, Mauern brechend, innig und wahrhaft, dabei doch überschäumend und kühn – »barbarisch« – »gotisch«.

Wie die Urchristen einstmals ihre Gottesdienste in den Gewölben der Katakomben abhielten, so haben auch die Christen der späteren Zeit, als sie ihre Religion frei ausüben durften, jahrhundertelang ihre Gotteshäuser als erdverhaftete Kultstätten über die Gemeinde gewölbt. Gott mußte immer noch zur Erde niedersteigen, wo ihm der Mensch im geschlossenen Raum seiner Kirche Ehre darbrachte. Doch außerhalb der Kirche stand der Mensch im Diesseits, in einer Welt, die noch von anderen Kräften und Mächten bewegt wurde, so daß keinesfalls der helle Tag seines ganzen Daseins dem Christentum gehörte. Diesem Zustand der Zeit entsprach in der Kunst des Kirchenbaues noch bis zum 12. Jahrhundert der romanische Stil. Und wenn wir uns erinnern, daß der romanische achteckige Kuppelbau der Palastkapelle in der Kaiserresidenz Aachen zu den ersten Bauwerken Karls des Großen gehörte, so haben wir gerade hier die bedeutendste Gestalt unserer deutschen Geschichte vor uns, die noch in beiden Welten lebte; einmal in der Welt der christlichen Kirche, in der mit Duldsamkeit und Nächstenliebe auch Harmonie ins Diesseits getragen werden sollte; dann aber wieder in der Welt des germanischen Fürsten, der um politischer Ziele willen von grausamer Härte gegen Widersacher und Andersdenkende sein konnte.

Mit dem vollen geistigen Sieg des Christentums erst kam ein Neues. Jetzt hatte die Lehre des Christentums die Menschen von innen her ergriffen, ihre Sehnsucht zum Himmel und ihr ganzes Leben in diesen rauschhaften Sog zur Höhe hineingezogen. Gottesdienst, Kirchenbau, Wallfahrten und Ordensdienst fanden hingebende Bereitschaft. Es ist oft gesagt worden, daß dies alles nur aus Weltverachtung und Diesseitsfeindlichkeit – von den Priestern gepredigt – zustande gekommen sei. In Wirklichkeit ist aber niemals Religiosität und Gläubigkeit in so selbstverständlich-natürlicher Weise mit kraftstrotzender Diesseitigkeit und heiterem Lebensgenuß verbunden gewesen wie in dieser Zeit! – Soweit das Christentum Besserung, Erhebung und Freude im Diesseits gewähren und dulden konnte, ist es in diesen Jahrhunderten wirklich geschehen.

Die Menschen der Gotik wollten ihre Gotteshäuser nahe bei sich haben. Nur schmale Gassen sind es mitunter, die den Dom vom Gedränge der Bürgerhäuser trennen; und wenn noch ein Platz davor blieb, so war es der Marktplatz. Der Bau selbst wird mit heiligem Eifer betrieben. Generationen werden nicht müde, mitzuwirken, beizusteuern, Arbeit und Geld zu opfern. Die Städte überbieten sich in der Großartigkeit ihres Aufwandes; die Kathedrale ist der sichtbare Ausdruck für die Größe und den Ruhm der Stadt. Reiche Bürger, Patrizier, Kaufherren, Gilden und Zünfte leisten Karrendienste und machen Stiftungen. Kostenfragen sind von völlig untergeordneter Bedeutung, ist doch der ganze Bau nichts anderes als Gottesdienst. Dem modernen, rationalistisch-kaufmännischen Denken mögen die Hunderte von Türmchen, die die Wimperge zieren, und die Strebepfeiler und die kleinen steinernen Blattbüschel, die »Krabben«, die überall herausblühen, oder gar die Figuren von Mensch und Tier, die an Fassaden, auf Dächern und Gesimsen zu sehen sind, als tollste Verschwendung erscheinen. Denn in der Tat wurden, wie Max Deri in seinem Werk »Die Stilarten« schreibt, »Tausende der Schmuckformen der gotischen Dome niemals von einem anderen Auge als dem des Bildners erblickt – und wurden dennoch gebildet«.

Zu verstehen ist das nur aus der Innigkeit und Intensität des religiösen Gefühls, das, wie der Verfasser sagt, »so sehr allein dem Himmel zugewendet war, daß man für ihn und nur für ihn die Form erstellte« (s. a. a. O., S.103/104).

In dieser Gläubigkeit wurde auch jede Arbeit handwerksgerecht ehrlich und gewissenhaft ausgeführt. Können wir den Abstand von der Denkungsart jener Zeit bis zur heutigen nüchternen, entseelten Arbeitsweise noch ermessen, wenn wir mit Verwunderung wahrnehmen, wie der Krabbenschmuck der Wimperge in der Richtung von Osten nach Westen das Erblühen einer Rose von der Knospe bis zur vollentfalteten Blüte darstellt? – So zu sehen an der Katharinenkirche zu Oppenheim.

Doch das Wesentliche der Gotik bestand ja nicht eigentlich in diesem verschwenderischen Reichtum von Skulpturen und Filigranwerk; das Wesentliche bestand vielmehr in den konstruktiven Lösungen des neuen Bauprinzips.

Der Baukörper bestand nicht mehr aus wuchtenden Mauermassen, die mit ihrer Kraft das Gefüge tragen. Die Gotik hat vielmehr den Bau zerlegt, einerseits in seine statisch tätigen, tragenden und andererseits raumbildenden oder abschließenden Elemente. So wurde der Bau wie ein organisch gewachsenes Gebilde, das wie ein Blatt zwischen der feingliedrigen Konstruktion seiner festen Rippen Haut und Fleisch trägt. Riesige Flächen brauchten nicht mehr tragende Mauern zu sein, sondern bedurften nur noch eines optischen Abschlusses zur Bildung und Schließung des Raumes. Hier setzten die Baumeister der Gotik das Filigranwerk ihrer herrlichen Fenster ein, und das farbige Mosaik der Verglasung bildete einen durchsichtig leuchtenden gläsernen Teppich, der die profane Außenwelt, die Atmosphäre der nahen Gassen und des geschäftigen Marktes, nicht in das Heiligtum eindringen ließ.

Mit welcher Anteilnahme am Werk die Bürgerschaft der mittelalterlichen Stadt bei der Sache war, geht besonders daraus hervor, daß die Fenster der Dombauten von reichen Bürgern, Patriziern, Gilden und Zünften als Ganzes gestiftet wurden, nicht etwa nur hier und dort einmal, sondern geradezu als Regel im ganzen weiten Raum der Christenheit. Da sehen wir im Freiburger Münster das Fenster der Schneiderzunft, und weit oben im erst besiedelten Osten stiftet die sicher nicht zu den reichsten gehörende Gilde der Sack-, Kohlen- und Kornträger zu Danzig um das Jahr 1450 zum Bau der Marienkirche 200 Mark bar (= 48 000 Silberdenare) und außerdem ein gemaltes Kirchenfenster (s. Adolf Damaschke: »Geschichte der Nationalökonomie«, S. 51).

Und in Straßburg, wo die Bürger in blutigem Streit um die Stadtfreiheit sich an den Kaiser und das Reich gehalten und den Bischof besiegt hatten, widmeten sie die Reihe der Fenster am Münsterbau ungewöhnlicherweise nicht der Darstellung von Heiligen der Kirche, sondern den Bildnissen der 28 deutschen Könige, die man bis zum Jahre 1275 zählte (s. George Dehio: »Das Straßburger Münster«, S. 11).

Neben den Fenstern gehört auch die »Rose« zu den eindrucksvollsten Gestaltungen am Kirchenbau der Gotik. Wie ein steinernes Spitzengewebe von riesigen Maßen in die Fläche der durchbrochenen Mauern gespannt und verglast, gewährt sie noch dem scheidenden Licht der sinkenden Sonne den Einfall in den Dom.

Wenn sich Kultur in der Vergeistigung des Stoffes zeigt, in der Kunst, allezeit vorhandene Materie zu beseelen, Gestaltungen zu bilden, die etwas Tieferes im Menschen anrühren und etwas in ihm zum Klingen bringen, das ihn über den Alltag hinaushebt, ihn wieder aufrichtet und ihm das Gefühl gibt, als Mensch doch mehr zu sein als ein sprachbegabtes Tier, dann ist es echte Kultur. Daran war das hohe Mittelalter reicher als wir – auch wenn mitunter noch Borstentiere über die Straße der mittelalterlichen Stadt liefen und Asphaltstraßen, Neonlicht, Staubsauger und Radio unbekannte Begriffe waren.

Bevor wir aber nun noch einige Einzelheiten zur Illustration der überquellenden Opferwilligkeit und zugleich zum Beweis eines nie wieder erreichten wirtschaftlichen Leistungsvermögens betrachten, sei noch ein kleiner Hinweis auf die offensichtlich verlorengegangene Fähigkeit, Materielles und Seelisches, Irdisches und Göttliches zusammenzubringen, eingefügt.

Niemand, der einen Dom betritt, kann sich des Gefühls erwehren, das ihn in diesem Bau in seine Gewalt zieht, sein Herz emporreißt, die Brust weitet und etwas Unbekanntes in ihm anrührt. Es ist die Harmonie des Raumes, die ihre Gewalt ausstrahlt. Harmonie ist aber, wo immer sie in Erscheinung tritt, in Ton und Maß und Zahl und Farbe der große Einklang mit dem Kosmos, mit Gottes Schöpfung – oder welche Namen der Mensch dafür noch finden mag. Des Menschen Herz ist dafür empfänglich, und selbst wenn sein Verstand nicht weiß, woher es kommt, wird sein Empfinden doch von einer unbekannten Kraft angerührt und erfaßt; er spürt die Harmonie mit innerer, beglückender Bewegung, oder mit anderen Worten: Er spürt die Nähe Gottes – sei es im Dom, in der Stille des Hochwaldes oder beim Anhören von Musik.

So aber zu bauen, daß des Menschen Herz mit naturgesetzlicher Gewißheit von der strahlenden Kraft dieser göttlichen Harmonie erfaßt wird, das war das Geheimnis der mittelalterlichen Bauhütten, und das war auch die große Kunst aller wahren Baumeister der Geschichte.

Das Wissen um diese Geheimnisse ist in der Entwicklung des rationalistischen Denkens allmählich verschüttet worden – die Gültigkeit von Maßverhältnissen am Empfinden zu prüfen, scheint mit der Ratio schlechterdings unvereinbar zu sein. So hat man denn in der modernen Zeit häufig nur noch nachgeahmt, was die alten Meister schufen; und wo einer stolz, aus eigenem Geist experimentierend, etwas Neues schaffen wollte, konnte es dann zu Raumgestaltungen kommen, in denen man sich unwillkürlich umsieht, wo denn die Gleisanlagen sein mögen, auf denen der Expreß einfahren wird – denn das Ganze wirkt so seelenlos wie eine Bahnhofshalle.

Charakteristisch für die Zeit des gotischen Mittelalters ist wohl dies – und damit kommen wir zu einem schon berührten Punkt zurück –, daß das alltägliche Leben tiefer mit Religiosität verwoben oder das Christentum tiefer in die Bürgerlichkeit eingedrungen war. Die große Zahl kirchlicher Feiertage mag ebenfalls dazu beigetragen haben, das ganze Leben in eine Atmosphäre von heiterem Lebensgenuß und religiöser Innigkeit zu tauchen. So schreibt auch Sacheverell Sitwell in seiner »Studie des mittelalterlichen Lebens«: »Niemals in der Geschichte war vor- oder nachher ... etwas Derartiges wie jenes Zeitalter. Es zeigte einen echten und lebendigen Wetteifer in einem noch nie dagewesenen Maße. Das Leben war zur Poesie geworden; es hatte sich in ein wirkliches Paradies verwandelt, worin es sich lohnte, sowohl seine Gefahren zu wagen als auch, sich seiner Vergnügen zu erfreuen« (s. Dr. H. R. Fack: »Das Geld der Gotik«).

Ebenso schreibt Professor René Thevenin, ein französischer Forscher, von dieser Zeit, sie sei »eine der größten Perioden der Kunst und des Glaubens in der Geschichte der Menschheit, begleitet vom Bau wunderbarer Kathedralen, die mit den größten Meisterwerken aller Zeiten und Länder rivalisieren«. Und auch dieser Autor sagt: »Diese herrliche Entwicklung führte die Menschen zu Höhen, wie sie nicht oft in der Geschichte erreicht wurden!« (s. Dr. H. R. Fack: »Das Geld der Gotik«).

Schließlich aber wären das alles vor dem armseligen Denken unserer kleinmütigen Zeit nur Worte – wenn nicht die heute noch in den Himmel ragenden steinernen Zeugen einstiger Leistungskraft und Kulturhöhe die im hellen Tageslicht stehenden Beweise darstellen würden.

Jede dieser Kathedralen ist in ihrer Art etwas Einmaliges. Da ist der gewaltige Münsterbau von Ulm, nach dem Kölner Dom die größte gotische Kirche Deutschlands, die mit ihrem Turm von 161 Meter Höhe das höchste Steinbauwerk des christlichen Abendlandes wurde; da ist das Filigranwerk des Turmhelmes vom Freiburger Münster, dessen Konturen, von der Ferne gesehen, wie ein feines Spitzenmuster im Dunst des seidigen Himmels verschwimmen; da ist – ganz andersartig wieder – der Straßburger Münsterturm, der von einem siebenfachen Kranz kleiner Türmchen um den Kern der Spitze herum gebildet wird, jedes mit einer Wendeltreppe im Inneren, so angeordnet, daß der Besucher in der herrlichen Höhe über dem Giebelmeer der Stadt von einem zum anderen Türmchen übertreten und in einer Spirale zur Spitze emporsteigen kann; das Meisterwerk der Straßburger Bauhütte, durch das sie 1459 zum Oberhaupt der deutschen Bauhütten erkoren wurde.

In Frankfurt ragt der Dom wie eine mächtige steinerne Eruption in den Himmel, nach oben immer stärker aufgelöst und schließlich über einer achteckigen Kuppel eine spitze Laterne tragend. Seit der Wahl Barbarossas (1152) war es Gewohnheitsrecht, daß die deutschen Königswahlen in diesem Dom stattfanden.

Da ist der Stephansdom in Wien mit seiner unwahrscheinlich schlanken Turmspitze, wie aus einer gewaltigen Strahlkraft in die Höhe getrieben; der wuchtige Dom von Regensburg, zu seiner Zeit die größte Kirche Deutschlands; der Dom von Naumburg an der Saale, von Magdeburg, Meißen; da sind die Münsterbauten von Bern, Zürich, Basel, Konstanz, Überlingen; und ganz oben in Westfalen, in Norddeutschland, die Werke der Backsteingotik, Soest, Münster, Lübeck, Stralsund, Wismar, Rostock, Stettin, Greifswald, Danzig, Königsberg.

Da sind in Belgien und in den Niederlanden die Kathedralen von Antwerpen, von Lüttich, Brüssel, Löwen, Ypern, Leyden und anderen Orten. Wir müßten einen Katalog anhängen, wenn wir alle auch nur aufzählen wollten.

Wie beiläufig schon erwähnt, blieb manches großartig kühne Werk unvollendet. In Straßburg hatte man sich zum Ausgang des 14. Jahrhunderts zwar bereits darauf konzentriert, nur einen Turm zu bauen, wer aber will sagen, ob nicht der Entschluß zum zweiten Turm bereits von finanziellen Erwägungen zurückgedrängt wurde? – Wie das Straßburger Münster grüßt auch die Kathedrale von Antwerpen nur mit einem Turm ins Land.

Köln hat seinen Dom einstmals als das größte Bauobjekt der Gotik geplant und begonnen. Der Wetteifer war so groß, daß fast jeder Bau bei seinem Beginn als der größte, höchste und schönste Dom geplant war. Aber auch Köln wurde nicht vollendet und konnte, ebenso wie Ulm, erst im 19. Jahrhundert nach den alten Plänen fertiggestellt werden. Auch der Wiener Stephansdom wurde erst später vollendet.

Welche Kraft und Leistungsfähigkeit müssen sich die Menschen der Gotik zugetraut haben, um sich an solche Projekte zu wagen! Wie müssen wir uns die Kathedrale von Reims vorstellen, wenn sie vollendet wäre? – Aber die Zeit war abgelaufen, die Kraft versiegte, als die Wirtschaftsblüte aus damals unbegreiflichen Gründen ihr Ende fand. Die Menschen wurden von Not und Sorgen gepackt, die einen wurden kleinlich und geizig, die anderen arm und hilflos. Da flossen keine Stiftungen mehr für die Gotteshäuser, das Wachstum hörte auf, wie vom Frost getötet.

An vielen gotischen Kathedralen blieben die Türme unvollendet. Manche erhielten nur ein Notdach, wurden später in anderer Weise weitergebaut oder jedenfalls abgeschlossen. So erhielten auch die beiden Türme der spätgotischen Frauenkirche in München die »welschen Hauben« der kupfergedeckten Kuppeln, die nun zu einem fernhin erkennbaren Wahrzeichen Münchens geworden sind, erst im Anfang des 16. Jahrhunderts. Da war die Wirtschaftsblüte der Gotik vorbei. Öde und leer waren die Werkplätze der Steinmetze, der Bildhauer und Maurer, der Glaser und Holzschnitzer und vieler anderer

Handwerker und Künstler; nicht nur die Baukunst, auch die Plastik, Malerei, die Goldschmiedekunst und viele andere Gewerbezweige waren mit dem Versiegen der Geldzirkulation – mit dessen neuerlicher Ursache wir uns noch befassen müssen – in den Dornröschenschlaf der Krise versunken.

DIE ENTWICKLUNG DER STÄDTE

Das Bild vom Leben und der Kultur jener Zeit wäre kein vollständiges, wenn wir nicht auch die Bürgerhäuser und Patrizierpaläste, die Rathäuser, die Brunnen, Straßen und Marktplätze in unsere Betrachtungen einbeziehen würden. Gewiß konnten nur auf diesem kraftstrotzenden Boden eines in der neuen Lebensform der Stadtgemeinschaft gedeihenden Reichtums so stolze Werke aufblühen. Was aber damals in diesem Sinne geschah, unterscheidet sich sehr wesentlich von dem, was nach unserem heutigen Denken das Grunderfordernis für die Aufbringung hervorragender Gemeinschaftsleistungen darstellt. Man hat sich die notwendigen Mittel damals nicht mühsam und widerwillig abgespart, man hatte es auch keinesfalls nötig, unerhörte Steuerlasten auf die Schultern der Bürger zu legen, und man hat noch nicht mit den finanzpolitischen Tricks der »Kreditschöpfung« Vorfinanzierungen vorgenommen, die zum Schluß doch irgend jemand bezahlen mußte. Das alles war nicht notwendig, weil der allgemeine Reichtum aus dem jahrhundertelang nicht abbrechenden Strom der Geldzirkulation, aus der Befruchtung jeder Gewerbetätigkeit durch den immerwährenden Absatz, den sich die Menschen mit dem nicht hortbaren Brakteatengeld selber vermittelten, so selbstverständlich zunahm, daß die Aufwendungen für den Stolz der Stadt leicht aufgebracht werden konnten.

Hier müssen nun aber zu diesen Aufwendungen für die Kulturschöpfungen des gotischen Kirchenbaues, die natürlich genauso wie heute von den Ausgaben für die Lebenshaltung erübrigt und abgezweigt werden mußten, auch die Aufwendungen für das Gemeinwesen der Stadt hinzugerechnet werden. Dabei sehen wir aber, daß sich die Rathäuser, die Stadtmauern, Brücken, Straßen, Plätze und Brunnen mit fortschreitender Entwicklung der Stadt durchaus neben ihren Gotteshäusern zeigen konnten. Und die wirtschaftlich starke und gesunde Bürgerschaft hat beide Lasten, die Ausgaben für Christenheit und Stadtgemeinschaft, spielend getragen.

Mit dem Rathaus hat der erwachende Bürgerstolz nicht nur das Zentrum seiner Gemeinschaftsangelegenheiten, sondern zugleich auch die Stätte seiner Repräsentation entwickelt. Hier hat der neue Stand des Bürgers seine Kraft konzentriert, um sich der alten Mächte des Adels und der auf weltliche Macht bedachten Kirchenfürsten zu erwehren. Neue Geschlechter waren den alten Mächten über den Kopf gewachsen. Einst hatten Bischöfe und Grundherren, die Pfalzgrafen des Kaisers und die Herren der Burgen ihre Mauern geöffnet, um die kleine Betriebsamkeit von Gewerbe, Handwerk und Handel heranzuziehen, denn der Markt brachte Gewinn, und wer sich am Ort des Marktes seßhaft machte, zahlte dem Grundherrn den »Wortzins« (s. A. Damaschke: »Geschichte der Nationalökonomie«, S. 52 ff.); und so stieg die Grundrente des Stadtbodens mit jedem Zuzug.

Im Laufe der Zeit war indessen die Bürgerschaft erstarkt, Kaufherren und Zunftmeister waren sich ihrer Bedeutung für das Gedeihen des Gemeinwesens bewußt geworden, und so war es häufig unvermeidlich, daß die Interessen der Bürgerschaft mit denen der kirchlichen oder adligen Grundherren in Widerstreit gerieten. Oft stellten sich dann die Bürger unter den Schutz des Kaisers und des Reiches, was den Machtkämpfen des Kaisertums mit Kirche und Adel den Ausschlag zugunsten des Kaisers gab. Dann unterstanden die »freien Reichsstädte« keinem Landesherrn mehr, sondern nur noch der Oberhoheit des Kaisers.

Was die Nutznießung des Stadtgrundes anbelangt, war damit freilich nichts Wesentliches geändert. Es war aber schon bedeutungsvoll genug, was der Bürger an politischer Geltung gewonnen hatte. Die Führungsschicht des Bürgertums war vornehmlich aus dem Kreise der erfolgreichen Kaufherren hervorgegangen wie auch aus den Geschlechtern, die Grundbesitz im Bereich der Stadt besaßen oder erworben hatten. Nicht selten sind reichgewordene Handelsherren nicht nur durch Kauf, sondern auch durch Familienverbindungen mit den Geschlechtern der Grundbesitzer selbst zu Grundbesitz gekommen. Diese Schicht, durch das eigene Schicksal am stärksten mit der Stadt verbunden, bildete das Patriziat der ratsfähigen Geschlechter.

Gegen den Stand der Handwerkerschaft, gegen die Zünfte, bestand eine genaue Abgrenzung, was allerdings nicht verhindern konnte, daß auch die Zünfte im Laufe der Entwicklung in den Rat drangen und die Geschicke des Gemeinwesens mitbestimmten. Das Leben der Stadt erforderte den Aufstieg neuer Kräfte und das Abstoßen der Versagenden. So konnte wirtschaftlicher Mißerfolg eines Ratsherrn schon Grund genug sein, auch seine Entfernung aus dem Rat zu bewirken.

Um die Bedeutung und Vielfalt der Aufgaben, die dem Rat einer mittelalterlichen Stadt, etwa einer freien Reichsstadt, gestellt wurden, richtig würdigen zu können, muß man neben der Berücksichtigung der Tatsache, daß diese neue Form eines Gemeinwesens für die Träger ihrer Aufgaben überhaupt noch ohne Vorbild war, auch die allgemeinen Verhältnisse in Rechnung stellen, insbesondere in bezug auf Sicherheit und Krieg und Frieden. Diese Welt des Mittelalters war keineswegs als Ganzes von azurblauem Frieden überstrahlt, und was geleistet werden mußte, um das zu vollbringen, was wir nach Jahrhunderten noch bewundern, das mußte unter weitaus schwierigeren Bedingungen geleistet werden, als wir sie uns heute vorstellen können.

Es fing an mit den Problemen der Rechtssicherheit. Hatte sich der Bürger zunächst in den Schutz der Stadtmauern, in den Schutz der erweiterten Burg eines Grundherrn, begeben, so hatte er damit noch keine Gewähr dafür, daß nicht ein Stärkerer mit seinen Reisigen den eigenen Grundherrn überfallen und die Stadt brandschatzen konnte. Die Stadt mußte zur eigenen Verteidigung gewappnet sein; und diese Notwendigkeit wurde begreiflicherweise doppelt wichtig, wenn sich die Stadt zur Unabhängigkeit von ihrem einstmaligen Grundherrn entwickelt hatte. So mußte der Rat auf Befestigung und Wehrdienst bedacht sein. Für uns ist es heute ein idyllischer Anblick, wenn wir die efeubewachsenen Stadtmauern sehen und die Tortürme, aus mächtigen Brocken von Natursteinen viele Meter dick aufgebaut, und die überdachten Wehrgänge für den Rundgang der Wehrmannen; aber als das alles gebaut wurde, kostete es Mühe und Schweiß und mußte aufgebracht werden aus dem Leistungsvermögen auf sich selbst gestellter Gemeinschaften, die doch zahlenmäßig oft noch sehr klein waren. Im 15. Jahrhundert zählte – um in diesem Zusammenhang nochmals daran zu erinnern – die Stadt Mainz mit Frauen und Kindern 6000, Frankfurt 9000 Einwohner. Und Augsburg und Nürnberg hatten nicht mehr als 18 000 und 20 000 Einwohner.

In manchen Städten wurden die festen Kosten der Stadtverteidigung auf den Grundbesitz umgelegt. So verfügte Worms im Jahre 1459, daß jeder Bodeneigentümer »Wachtgeld« zu entrichten hatte. Mainz ließ sich seine Stadtmauern gegen Zusicherung der Zollfreiheit von den umliegenden Ortschaften bauen, und zwar so, daß jede Gemeinde für ein bestimmtes Stück der Stadtmauer aufzukommen hatte, auf dem ihr Name mit der Anzahl der Mauerzinnen vermerkt war. Aber den Unterhalt und die Bewaffnung der Wehrleute hatte jede Stadtgemeinschaft als nicht abwälzbaren Aufwand dauernd zu tragen.

Das Erblühen von Handwerk, Handel und Gewerbe bedurfte des Friedens. Zusammenarbeit und gegenseitige Förderung ist nur auf dieser Grundlage möglich. Das fängt mit dem »Hausfriede« an, das ist der Sinn des »Burgfriedens«, und so genossen die Bürger des Mittelalters wenigstens in den Mauern ihrer Stadt den »Stadtfrieden«. – Um den »Landfrieden« freilich war es noch übel bestellt.

Wir müssen bedenken, daß noch im 13. Jahrhundert ein frisch-fröhlicher Überfall auf den Nachbarn oder den reisenden Kaufmann oder die nahe Stadt für eine ehrbare Tätigkeit angesehen wurde. Rauben und Plündern während der Fehde und unter dem Gesetz des Faustrechts hinterließ keinen moralischen Makel auf dem Schild des Angreifers. Die Anwendung von Waffengewalt im Kampf ums Dasein und die Gefahr für die Arbeitsamen, bei einem solchen Strauß mit Rittern und Reisigen Gut und Leben zu verlieren, gehörte einfach zu den Gegebenheiten der mittelalterlichen Welt und zu den alltäglichen Fährnissen. Auch hieran dürfte wieder zu ermessen sein, um wieviel schwieriger es unter solchen Umständen gewesen sein muß, etwas Großes und Bleibendes zu schaffen.

Aber schließlich erforderte die Entwicklung von Handel und Gewerbe eine friedliche Ordnung, und wenn schon die Kirche sich nicht durchsetzen konnte – die bereits in einem Konzil die Wochentage und später auch den Raum festgesetzt hatte, innerhalb dessen keine Gewalttat begangen werden durfte –, so half die erste Reichssatzung über den Landfrieden, die Kaiser Friedrich im Jahre 1152 erließ, doch schon, bessere Zustände zu schaffen. Doch das wesentliche Verdienst an der Überwindung des mittelalterlichen Faustrechts und an dem Sieg einer verläßlichen Gemeinschaftsordnung gebührt dem Bürgertum der Städte und den Städtebünden. Manche Adelsgeschlechter haben jahrzehntelang mit den Städten in Fehde gestanden, zuerst nur mit einzelnen, denen sie sich gewachsen fühlten – bis ihnen das Aufgebot der verbündeten Städte entgegentrat.

Zur Sicherung der Gemeinschaftsordnung bedurfte es außer der Wehrhaftigkeit auch der städtischen Selbstverwaltung, ja sogar einer eigenen Gerichtsbarkeit. Die mittelalterliche Stadt war somit fast so etwas wie eine kleine Welt, die sich um sich selber drehte. Recht und Sitte, Gebräuche und Lebensformen waren zum Teil einfach nur von der höheren, verbindenden religiösen Idee, teils freilich auch von Rechtsnormen geprägt, die als Reichsrecht schließlich doch schon eine fast allgemeine Gültigkeit erlangt hatten. Im übrigen bildete sich das Recht aus der Entwicklung des altgermanischen Gewohnheitsrechtes, dem Karl der Große schon bei seiner Gesetzgebung selbst genügend Spielraum eingeräumt hatte, indem er den Alemannen das alemannische, den Franken das fränkische, den Sachsen das sächsische und jedem Stamm sein stammeseigentümliches Recht weitgehend belassen hatte. Aus dieser geschichtlichen Situation heraus wurden Rechtsnormen noch im hohen Mittelalter gewissermaßen in einer Konkurrenz des Geistes und der salomonischen Weisheit entwickelt. Die Rechtsbücher »Sachsenspiegel« und »Schwabenspiegel« waren nur Sammlungen von Rechtsnormen und Verfahrensgrundsätzen. Man nahm sich für das eigene Stadtrecht heraus, was man für gut erachtete. Und eine Stadt mit vortrefflichem Recht erfreute sich großen Ansehens. So war Lübecker Recht schon früh im ganzen Ostseeraum angenommen und gültig.

Diese kleinen Hinweise auf die Umstände und Besonderheiten der Zeitverhältnisse mögen ein wenig verdeutlichen, daß es im Mittelalter etwas anderes war, dem Rat einer Stadt anzugehören, als es heute ist. Von diesem Gesichtspunkt her stellt sich die Leistung der in unser Blickfeld gezogenen Zeit nur noch imposanter dar. Bei aller Anerkennung persönlicher Größe, geistiger und seelischer Auftriebskräfte von einzelnen Menschen bleibt schließlich doch, daß das Ganze neben dem überquellenden Aufwand für die Werke der Kultur eine unglaubliche Produktivität der Arbeit des Stadtbürgers darstellt, um so verwunderlicher, als die modernen Hilfsmittel – die Verkehrsmittel, Dampfmaschinen und Motoren – noch vollkommen unbekannte Dinge waren.

Wie anders wollte man sich aber das Ergebnis erklären, als eben nur so, daß diese Zeit, ohne bewußt rationalistisch zu denken, ihre Produktivität voll und ganz ohne den Leerlauf überflüssiger sozialer Organisation und ohne die Belastung mit zehrender Arbeitslosigkeit anzusetzen vermochte? – Die Wirtschaftsblüte dieser Jahrhunderte, die das ganze Gestrüpp moderner Probleme noch nicht kannte, war so selbstverständlich wie ein Naturvorgang.

Wiederum können wir auch auf zeitgeschichtliche Zeugnisse für diese mittelalterliche Wirtschaftsblüte zurückgreifen. Am treffendsten und schönsten hat vielleicht der schon an anderer Stelle zitierte gelehrte Kardinal Silvio de Piccolomini anno 1457 sein Lob der Stadt Nürnberg in die Worte gefaßt: »Wenn man aus Niederfranken kommt und diese herrliche Stadt aus der Ferne erblickt, zeigt sie sich in wahrhaft majestätischem Glanze, der sich beim Eintritt in ihre Tore durch die Schönheit ihrer Straßen und die Sauberkeit ihrer Häuser bewahrheitet. Die Kirchen zu St. Sebald und St. Lorenz sind ehrwürdig und prachtvoll, die kaiserliche Burg blickt fest und stolz herab, und die Bürgerhäuser erscheinen wie für Fürsten erbaut.«

Gewiß gehört Nürnberg zu den hervorragendsten Städten, es hatte als eine der ersten deutschen Städte schon gepflasterte Straßen. Sein Rathaus war anno 1332 in gotischem Stil begonnen; von seinen Brunnen zeigt der berühmte »Schöne Brunnen« mit seiner im gotischen Stil aufsteigenden vergoldeten Steinpyramide, von einem hohen geschmiedeten Gitter umgeben, in welches ein sagenumwobener Ring eingearbeitet war, den reichen Kunstsinn der Stadt. Die

Bürger- und Patrizierhäuser waren meistens in der Höhe des Erdgeschosses in Stein gebaut, worüber dann noch zwei oder drei reizvoll gestaltete Fachwerkgeschosse mit schönen Erkern – den Nürnberger »Chörlein« – lagen.

Es versteht sich von selbst, daß die Rathäuser in allen diesen Gemeinwesen der mittelalterlichen Stadt am eindringlichsten von der Kraft und dem Aufstieg des Bürgertums zeugten, wiederum im ganzen Bereich des in Rede stehenden Kulturzustandes. In bevorzugter Lage, häufig am Marktplatz gegenüber dem Dom, erhebt sich der repräsentative, würdige Bau, der dem Gemeinwesen dient. Da laufen alle Fäden von Verwaltung, Wehrbereitschaft, Rechtswesen und der gesamten öffentlichen Ordnung zusammen. Geräumige und kunstvoll ausgestattete Säle geben den würdigen Raum für wichtige Rechtshandlungen wie auch für den Empfang vornehmer Gäste.

Da war in Frankfurt der Römer, das alte Rathaus auf dem Römerberg mit seinem Kaisersaal, in welchem nach den Krönungen das Mahl eingenommen wurde; da war der Hansa-Saal des Kölner Rathauses, der um 1367 historischer Schauplatz der ersten großen deutschen Tagung der Hanse war; in Münster in Westfalen war das gotische Rathaus drei Jahrhunderte nach der Erbauung in weiter Runde noch immer die einzige geeignete Stätte, an welcher der Abschluß des westfälischen Friedens vollzogen werden konnte. In Lübeck zeugen neben einem Kranz gotischer Kirchen auch Rathaus, Holstentor und das schon im 13. Jahrhundert vollendete Heilig-Geist-Hospital – alles Werke norddeutscher Backsteingotik – von der Leistungskraft des Gemeinwesens. Lübecks Bedeutung ging freilich weit über die Grenzen der Stadt hinaus, und so hatte Kaiser Karl IV. anno 1375, als er in der Stadt weilte und die Mitglieder des Rates mit dem nach damaligem Brauch nur dem Adel eingeräumten Titel »Herren« angeredet hatte – was diese mit stolzer Bescheidenheit zurückwiesen –, mit fester Selbstverständlichkeit darauf beharrt, denn Lübeck sei eine von den fünf Städten – Rom, Venedig, Pisa, Florenz, Lübeck –, denen das Recht erteilt sei, im Rat zu sitzen als Herren.

Oft finden wir an den repräsentativen Bauten dieser Zeit auch die Außenfront mit herrlichen Fresken bemalt. Die Frescomalerei war eine anspruchsvolle künstlerische Technik, die im 14. Jahrhundert in Italien aufkam und nicht nur in Kirchenbauten, sondern auch an Rathäusern, Patrizierpalästen, Klöstern, Spitälern, Kaufhallen und anderen öffentlichen Bauwerken zur Anwendung kam; ein Ausdruck gediegenen Wohlstandes und hohen Kunstsinnes der Stadtbürger.

Wundervoll, von Reichtum und Gemeinsinn zeugend, ist auch das Rathaus von Lüneburg, das mit seiner Gerichtslaube einen Saal von vollendeter Harmonie besitzt. Dieser Saal hat manches feierliche Ereignis in der reichen Stadt und auch manche ernste Entscheidung der städtischen Gerichtsbarkeit mit angesehen; und mehr als vier Jahrhunderte lang wurden in diesem Saal die Schätze und Prunkstücke des Rates, 36 Meisterwerke der Goldschmiedekunst, aufbewahrt, von denen die letzten erst im Jahre 1886 an den preußischen Staat verkauft werden mußten.

Wir können nun auch noch nach Braunschweig schauen oder nach Wesel, nach Bremen, wo der steinerne Roland als Wächter des Marktes vor dem gotischen Rathaus steht, oder nach den Niederlanden und Belgien, in jenen Jahrhunderten noch zusammengehörend, wo wir in Löwen, in Brügge, Gent, Ypern, in Brüssel und vielen anderen Orten die gleichen Spuren blühenden Gemeinschaftslebens finden; in Nordfrankreich allerdings sind öffentliche Bauten dieser Art, obwohl die Gotik dort ihren Anfang nahm und im Kirchenbau Unvergleichliches geschaffen hat, selten anzutreffen. Doch in England, wo in London die Westminsterabtei, das Rathaus, die Crosby-Hall, der Tempel und zahlreiche Zunfthäuser in dieser Zeit entstanden sind, finden wir ähnliches wie in Deutschland an vielen Orten; in Salisbury stammt das Capitelhaus aus dem 13. Jahrhundert, in Cambridge Kings College aus dem 15. Jahrhundert – und so wäre noch vieles zu nennen.

In einer Welt, in der aus echter Begeisterung und mit stolzer Freude so Hervorragendes für den Gottesdienst und für das Wohl des Gemeinwesens geleistet wurde, kann es nicht anders sein, als daß die gleiche Luft auch durch die Bürgerhäuser weht. Kultur fängt ja nicht irgendwo ganz oben an. Nach einem Wort von Peter Rosegger ist das Haus »recht eigentlich die Brunnstube aller Kultur«. Und so sagt man mit Recht, daß sich der Kulturzustand einer Zeit oder eines Volkes deutlich darin zeigt, wie diese Zeit und dieses Volk haust und wohnt.

Wir stehen vielleicht etwas in Gefahr, der Träumerei verdächtigt zu werden, wenn wir angesichts des bekannten Wohnkomforts der Neuzeit – mit dem wir es bis zur Aufenthaltsmöglichkeit im Betonbunker gebracht haben – doch manchmal der schlichten Behaglichkeit eines alten Fachwerkhauses den Vorzug geben würden. Es ist das aber nicht einfach nur eine Frage des Zeitgeschmacks. Das Wohlbefinden des Menschen hängt nämlich nicht vom Brote allein ab, es ist überdies eine Sache, die nicht mit dem Intellekt, sondern mit dem Gefühl gewertet wird. Und auf die Dauer behält das Gefühl immer noch recht.

Das Bürgerhaus des Mittelalters ist in Material und Gestaltung einem unkomplizierten natürlichen Bedürfnis gerecht geworden, einem Bedürfnis, das sich auch im modernen Menschen noch meldet. Darin liegt der Grund dafür, daß wir die alten Häuser im Fränkischen und in Schwaben, am Rhein und im Elsaß, in Bayern und in Norddeutschland auch heute noch mit einer leisen Wehmut im Herzen betrachten, nicht aus reinem Romantizismus, sondern eben aus dem Gefühl heraus, daß Haus und Wohnung damals würdige und wesensechte Bestandteile im reichen Teppich des allgemeinen Kulturzustandes darstellten und ein volles und gesundes Leben darin wirkte.

DIE DEUTSCHE HANSE

Es versteht sich von selbst, daß sowohl der Reichtum der Städte als auch der Glanz solcher Kulturwerke, wie sie in diesen drei Jahrhunderten aus der Erde wuchsen, nicht allein aus dem engen Raum nachbarlicher Zusammenarbeit innerhalb der Stadt oder auch aus gegenseitiger Förderung zwischen Stadt und Land entstehen konnten. Es gehört noch mehr dazu. Wohl kann Arbeitsteilung und Leistungsaustausch im verhältnismäßig kleinen Raum beginnen; aber um den vollen Segen der größten Ergiebigkeit der Arbeit und der reichen Mannigfaltigkeit der Erzeugung auszuschütten, bedurfte es auch einer in die Ferne reichenden Handelsverzweigung.

Und jetzt ist wieder etwas Besonderes bemerkenswert, das gleichfalls in den Bereich unserer Betrachtungen und in den Zeitabschnitt dieser reichen Jahrhunderte fällt: die Entwicklung der deutschen Hanse.

Der Fernhandel ist auch von anderen Völkern früherer Kulturen schon gepflegt worden. Die Landeserzeugnisse fernab gelegener Gebiete gehörten bereits in den großen Städten des klassischen Altertums zu jenen Dingen, die ein verfeinerter Lebensstil für unentbehrlich hielt. Trotzdem gibt es in der Wirtschaftsgeschichte wenig Vergleiche, die der Blütezeit des mittelalterlichen Welthandels, dem machtvollen Wirken der deutschen Hanse, gegenübergestellt werden könnten.

Eine Reihe glücklicher Umstände haben zusammengewirkt. Handel, Handwerk und Gewerbe, überall in rühriger Geschäftigkeit, bilden die Grundlage wachsenden Wohlstandes. Ohne Unterbrechung räumt die Nachfrage, die in Gestalt der rastlos zirkulierenden geprägten Silberplättchen auftritt, den Markt. Es gibt keine Stockung des Absatzes wie zuweilen in unserer modernen Wirtschaft; es gibt auch keine Hemmung der weiteren Produktion und Zufuhr. Die Erzeugnisse werden kunstvoller und gediegener, die Käufer anspruchsvoller. Man begehrt das Besondere, das Seltene, das Produkt fremder Landstriche und verfeinerter Herstellung. So ziehen denn die Kaufleute mit Roß und Wagen und bewaffneten Knechten in die Welt hinaus, nehmen heimische Erzeugnisse mit, und je weiter sie vordringen, desto kostbarer wird ihre Ware am Ort des Absatzes; und was sie dort einhandeln und nach langer und beschwerlicher Reise zurückbringen, das hat in der Heimatstadt jenen höheren Marktwert, der sich in klingenden Gewinn umsetzen läßt.

So bildeten sich im Laufe der Jahrhunderte die Straßen des erstarkenden Handels, über Gebirgspässe hinweg, die Flußtäler entlang, wie ein von starkem Leben durchpulstes Aderwerk, das von der vitalen Kraft des ganzen Raumes der mitteleuropäischen Wirtschaftsverfassung Kunde gab und bis an die Peripherie der damals bekannten Kulturwelt reichte.

Da war über die Alpenpässe hinweg die Handelsstraße von Norditalien, Genua, Venedig, Florenz zum Rheintal diesseits der Alpen, den Rhein entlang bis zu seiner Mündung und damit zum Anschluß an die Seefahrtswege nach England. Über diese Handelsstraße brachten die Kaufleute viel Gewürz und Spezereien, Duftstoffe, Heilmittel aus dem Orient auf die Märkte von Frankfurt, Köln, Brügge, Antwerpen, ebenso auch Rohstoffe, Baumwolle, Alaun, das lange Zeit nur von den Türken zu bekommen war und zur Gerberei und Färberei gebraucht wurde, Seide und kunstvolle Brokatstoffe aus Alexandrien und Byzanz. Den entgegengesetzten Weg machten die Webereierzeugnisse aus Flandern, das Pelzwerk aus dem hohen Norden. Pelze galten schon frühzeitig als vornehmste Bekleidung, als Zeichen von Würde, Pracht und Reichtum und wurden stets mit hohem Gewinn abgesetzt. Doch die Kaufleute, die sich mit der Beschaffung dieser begehrten Artikel befaßten, hatten auch viel Mühen zu tragen.

Wie am Rhein, so bildete sich auch an der Donau, an Elbe, Oder und Weichsel und an der Küste des Nordmeeres und der Ostsee das Geäder der Handelswege. Und die Schnittpunkte, an denen sich solche Handelsstraßen überquerten, entwickelten ein Leben, wie wir es uns kaum mehr vorstellen können. Nicht von ungefähr wurde Wien die blühende Handelsstadt im Südosten, an der großen Völkerstraße der Donau gelegen, die durch Ungarn bis zum Schwarzen Meer reichte und die Handelsbeziehungen über die Grenzen des christlichen Abendlandes hinausführte. In nordsüdlicher Richtung aber ging die Handelsstraße gleichfalls über Wien hinweg und verband die Städte an der Oder und an der Weichsel mit den Pässen über die Alpen bis zur Adria.

In gleicher Weise war Frankfurt der große Markt der mittelalterlichen Weltwirtschaft im Westen; hier trafen sich die Kaufleute mit ihren Handelszügen aus Italien, aus Frankreich, aus Flandern, aus dem Norden und aus dem Osten. Für Nürnberg kam der Reichtum jahrhundertelang durch seine nach allen Richtungen offenen Stadttore. Durchs Frauentor kamen von Regensburg her die Kaufmannszüge mit den Erzeugnissen der fernen Türkei, der Donauländer in die Stadt; durchs Laufer Tor von Breslau her, aus Prag und Krakau; nach der Alpenstraße und nach Italien öffnete sich das Spittelertor, das auch von Augsburg her die Kaufmannsware aus dem Westen, von Frankreich und Spanien, hereinließ; den Weg nach Mitteldeutschland, nach Erfurt, Magdeburg und weiter nach dem Norden bis nach Dänemark und Schweden schlugen die Wagenzüge ein, die an der Burg vorbei durchs Tiergärtnertor Nürnberg verließen.

An solchen Schnittpunkten der Handelsstraßen zu liegen war Geldes wert. Dennoch wäre es falsch, völlig außer acht zu lassen, welcher Fleiß und Aufwand, welche Klugheit und kraftvolle Rührigkeit erforderlich gewesen sein dürften, einen Platz mit so viel Leben und Anziehungskraft zu erfüllen, daß er zu einem großen Sammelpunkt, zu einem weltoffenen, über die lokale Bedeutung hinausreichenden Markt und Umschlagplatz werden konnte. Diejenigen Städte, die das zustande brachten, verdanken in der Tat ihren Glanz und ihre Größe nicht dem manchmal überschätzten Umstand, Wohnsitz des Bischofs oder des Fürsten zu sein, sondern sie verdanken dies der kühnen Regsamkeit ihrer Kaufherren und dem Fleiße ihrer Handwerker und Künstler. Neben den vielen materiellen Gütern, die auf hochbepackten Lastwagen und von starken Gespannen gezogen aus der Ferne anrollten, haben die fahrenden Kaufleute auch ideelle Werte, Erfahrungen, Beobachtungen aus anderen Ländern mit nach Hause gebracht und die selbstbewußte Entschlossenheit zu gemeinsamem zielbewußtem Handeln.

Um aber noch ein wenig bei den wirtschaftlichen Verhältnissen zu verweilen und jene Zeit aus der Perspektive des 20. Jahrhunderts zu betrachten: Wenn Handwerk und Gewerbe solcher Art für einen Absatz arbeiten konnten, den die Kaufherren nach fremden Märkten verfrachteten, dann war dies doch nach heutigen Begriffen eine Erzeugung für den »Export«, während die Zufuhr fremder Waren nach dem heimischen Markt den »Import« darstellte. Diese Begriffe mit ihrer heute nur zu oft auftretenden Problematik kannte die mittelalterliche Weltwirtschaft indessen noch nicht. Auch die Mannigfaltigkeit in der Münzprägung war dem Handel jener Zeit keinesfalls in besonderem Maße hinderlich, obwohl der Geltungsbereich einer Münze oft sehr begrenzt war. Vielleicht liegt die Natürlichkeit und Selbstverständlichkeit der mittelalterlichen Weltwirtschaft zu einem wesentlichen Teil gerade darin begründet, daß noch keine reglementierende Politik in die Handelsbeziehungen der Kaufleute eingriff. Gewiß lag hierzu auch keine Veranlassung vor, solange die Geldwirtschaft in dem Sinne in Ordnung war, mit ihrem ungestörten Kreislauf die Erzeugung vom Markte zu nehmen. So nahm auch der Kaufmann, der den Fernhandel pflegte, die heimischen Produkte vom Markt, bezahlte sie mit dem hier gültigen Geld und lieferte für das gleiche Geld die Erzeugnisse, die seine Wagenzüge aus der Fremde brachten. Nach denselben Grundsätzen ließ sich die heimische Ware auf dem fremden Markt absetzen, wodurch das Geld erworben wurde, die Erzeugnisse zu bezahlen, die die Rückfracht nach der Heimat darstellten. Die Probleme der »Devisenbewirtschaftung« und -beschaffung für die Bezahlung der Exporte lösten sich lächerlich einfach, und die merkantilistischen Überlegungen von der »Schädlichkeit« des Importes und von der »Notwendigkeit« des Exportes, die den reglementierenden Staat auf den Plan riefen, schlummerten um diese Zeit noch im Schoße der Zukunft. Vielleicht wäre es besser gewesen, die törichten und widerspruchsvollen Theorien wären nie zur Wirkung und Anwendung gekommen.

Die Wirtschaft dieser Jahrhunderte des späten Mittelalters war ein großes Ganzes, und wenn auch die Entfernungen für damalige Verkehrsverhältnisse weitaus größer waren, als sie es heute sind, so wußte sich dieses Geschlecht wagemutiger Kaufleute, das die Welt nach allen Himmelsrichtungen durchzog, doch besser zu helfen, als wir es heute mit allen Errungenschaften des modernen Verkehrs und Nachrichtenwesens vermögen.

Wo organisierte Zusammenarbeit notwendig war, kam sie nicht durch obrigkeitliche Gesetzgeberei zustande, sondern durch die Initiative der in eigener Sache mit freier Selbständigkeit handelnden Kaufleute. Da war als Dringlichstes die Notwendigkeit des Schutzes auf der Landstraße, auf den Flüssen und auf der See. Noch war es nicht ungefährlich, kostbare Waren über weite Wege zu den Städten zu bringen. An den befahrensten Handelsstraßen und Flüssen hat mancher reisende Kaufmann seine Fracht mit Wagen und Rossen an den Ritter verloren, der von seiner Raubburg herab den Weg überwachte. Mit allmählich um sich greifender Gesittung wurde dann späterhin ein Zolltribut daraus und schließlich ein durch Reichsrecht sanktionierter Wege- und Brückenzoll, der für die Instandhaltung der Verkehrswege und als Entgelt für die Verkehrssicherheit bezahlt werden mußte. Aber bis dahin dauerte es noch eine ganze Weile; und die Kaufmannschaft war auf ihre eigene Stärke auf gegenseitigen Beistand in Rat und Tat und auch auf die Unterstützung der Bürgerschaft der Städte angewiesen. Von diesen Zuständen aus entwickelte sich die »Schar in der Fremde«, die Gilde der Kaufleute, zur »Deutschen Hanse«, zu jener achtunggebietenden Organisation, von deren Ruhm und Größe ihre alten Städte heute noch träumen.

Da Einkauf und Verkauf gänzlich verschiedene Aufgaben darstellten und die weiten, zeitraubenden Reisen die sorgfältige Wahrnehmung beider Aufgaben kaum erlaubten, haben die Kaufleute der Hanse früh schon begonnen, Niederlassungen in der Ferne zu gründen, ihre Handelskontore und Faktoreien; in London den Stalhof an der Themse, in Flandern das Kontor in Brügge, in Norwegen befand sich das nördlichste Hansekontor in Bergen, und im Osten war die letzte Niederlassung der Hanse bis nach Nowgorod vorgeschoben, nahe dem Ilmensee, durch den Handel mit Rußland lohnend genug.

Zwischen all diesen Orten, den speziellen Produktionsstätten oder Stapelplätzen und den großen Märkten der fernen Städte, waren

ständig die Wagenzüge und zur See die Schiffe der hansischen Kauffahrer unterwegs; und von allen Gewerbezweigen war der Handel als
methodisch und weiträumig organisierter Güteraustausch entschei-
dend für alle Gewerbetätigkeit, der vornehmste und anspruchsvoll-
ste, der Kühnheit, Wagemut und Klugheit zugleich erforderte. Nicht
umsonst berief die Heimatstadt ihre Kaufherren in der Regel auch in
den Rat des Gemeinwesens. Der Handel brachte nicht nur Reichtum
für den Kaufmann, sondern er brachte auch die Aufträge für das heimische Gewerbe. Kaufleute waren es auch, die als Wollimporteure
die Weberei in den Städten ihrer Heimat begründeten und zum
Blühen brachten und mancherlei andere Förderung des Handwerks
vermittelten.

Welch großartige Befruchtung der Wirtschaft ging doch allein von
der Entwicklung des Fischhandels aus, den die Hanse unter der
Führung Lübecks im 13. Jahrhundert in die Hand nahm; Saxo Gram-
maticus, der Vater der dänischen Geschichte, erzählte von der Ost-
see-Meerenge zwischen Seeland und Schonen, daß dort alljährlich
reiche Fischzüge zu beobachten seien: »Der ganze Meeresraum füllt
sich gewöhnlich so mit Fischen, daß manchmal die Schiffe feststehen
und kaum mit angestrengten Rudern herauszubringen sind und die
Beute nicht mehr mit der künstlichen Vorrichtung gefangen, sondern ohne weiteres mit der Hand gegriffen wird« (s. E. Hering: »Die
deutsche Hanse«, S. 61).

Der Reichtum dieser Fischgründe war aber bis zum Auftreten der
hansischen Kaufleute, die jetzt erst einen Markt, und zwar einen riesenhaften Markt für Jahrhunderte eröffneten, in den Händen der Dänen wertlos. Jetzt jedoch entstanden – nach einem ersten Vertrag der
Dänen mit Lübeck im Jahre 1225 – die Niederlassungen der hansischen
Fischhändler auf Schonen, und eine von kluger und straffer Organisation zeugende Entwicklung ließ bald ein anderes Bild entstehen.

Da kamen die Koggen der Hanse mit Lübecker Salz, das in riesigen Mengen gebraucht wurde; aus den Städten Pommerns wurden
Hunderttausende hölzerner Tonnen geliefert, alle von gleichem Maß
nach der mustergültigen Rostocker Tonne. Zugleich wurden freilich
auch andere Waren, Tuch aus Flandern, niederdeutsche Leinewand,

fertige Kleider, Pelzwerk, Seidenstoffe, Gewürze und orientalische Spezereien, Lebensmittel und Getränke, insbesondere Wein und Bier, und mancherlei sonstige Kostbarkeiten, Brokate, Gold- und Silberwaren, Schmuck und Hausrat nach dem Markt geliefert, auf dem sich während der Heringsfangzeit die ganze Ostseeküste ein jährliches Stelldichein gab. Man arbeitete wohl, um zu leben; aber man vergaß auch nicht, sich des Lebens zu freuen.

Die Bearbeitung, das Sortieren, Salzen und Einlegen der Heringe war sorgfältig organisiert. Nur die von »Wraker« geprüfte, verschlossene und gesiegelte Tonne konnte als »gut schonensche« den Weg in die weite Welt antreten. So gingen die vollbeladenen Schiffe zurück in die Heimatstädte, der Hering schwamm flußaufwärts und rollte per Achse bis weit in den Süden, über die Alpen nach Frankreich, nach Italien, nach Polen und nach Rußland; auch nach England, der meerumspülten Insel, lieferten die Kaufherren der Hanse den schonenschen Hering.

Noch größere Bedeutung als Schonen bekam weiter oben im Nordosten des baltischen Meeres das von der Hanse gegründete Wisby auf Gotland, von dem auch die Fäden des Seehandels zu den weiteren hansischen Gründungen Reval und Riga, Königsberg, Elbing und Danzig reichten, von Riga die Düna aufwärts über Livland, Litauen nach Rußland führend, von Danzig an der Mündung der Weichsel zu den Hansestädten Thorn, Warschau und Krakau tief im Herzen Polens.

Hoch oben an der Küste Norwegens war das bereits erwähnte Bergen die nördlichste Niederlassung. Von dort kam der schon im Mittelalter gern gegessene Kabeljau als »Stockfisch« auf die Märkte. Dieser Fisch wurde vornehmlich in der Lofotengegend gefangen; er wurde geköpft, ausgenommen und einfach am Schwanzende mit einem anderen zusammengebunden, über Gerüsten hängend im steifen Wind des nordischen Frühjahres getrocknet. Danach ging er, in Ballen verpackt, auf die Reise. Auch der Heilbutt, von kundigen Händen zugerichtet, getrocknet, geräuchert, war eine sehr begehrte Ware. Aus dem Hinterland Bergens kamen aber auch alle denkbar möglichen Felle, Bären-, Wolf-, Fuchs-, Marder-, Biber- und Otterfelle, nach dem Handelshof der Hanse und fanden mit den Produkten der See und ihrer Küste, mit Walspeck, Robbentran, mit Seehundsfellen, Federn und Daunen der Singvögel, ihren Absatz durch die hansischen Kaufleute.

Während so die Erzeugnisse des Nordens durch die kaufmännische Organisation der Hanse in die fernsten Städte geleitet wurden, brachten die in den bergischen Hafen einlaufenden Schiffe Korn und Mehl, Malz, Lübecker Bier, Lüneburger Salz und, wie Ernst Hering in seinem erwähnten Werk berichtet, »eine erstaunliche Mannigfaltigkeit allein schon in Tuchen, graue Laken aus Lüneburger Heidewolle, braune Laken aus guter weißer und schwarzer Stralsunder Wolle, weiße Laken aus guter weißer Wolle wurden aus Braunschweig und Magdeburg bezogen. Dazu kam gebleichte und ungebleichte Leinewand aus der Lüneburger Heide, aus Ülzen und Lüchow, Lübecker Schuhe waren als Ausfuhrgut sehr begehrt. Taue aus Bast und Hanf, kupferne Kessel, Kannen, Schwerter und Anker, Angelschnüre, Teer für den Bau und die Instandhaltung von Holzhäusern gehörten ebenfalls zur Fracht nach Bergen« (s. a. a. O., S. 75).

Bei solchen Güterumsätzen versteht es sich wohl, daß die hansische Niederlassung, das Kontor von Bergen, eine gewaltige Anlage mit großer Verwaltung darstellte: 60 große Speichergebäude nahmen die Waren auf, die im mittelalterlichen Welthandel auf ihrem Weg zu den Märkten über den Stapelplatz und Versandhafen Bergen liefen.

Werfen wir noch einen Blick nach dem Westen und nach dem Süden, nach Flandern und nach England. Es wäre verwunderlich, wenn wir nicht überall das gleiche Bild von emsiger Geschäftigkeit, von beträchtlichen Güterumschlägen und machtvoll wachsendem Reichtum erblicken würden. Seit die Kaufleute der Hanse 1367 in Köln mit der denkwürdigen »Kölner Konföderation« ein Städtebündnis gegen die gekrönten Herren von Dänemark und Norwegen geschlossen hatten, war das Bürgertum, das in seinen vornehmsten und aktivsten Vertretern, seinen welterfahrenen und weitschauenden Kaufleuten, vor die Rampe der mittelalterlichen Weltpolitik getreten war, als geschichtsbildende Kraft nicht mehr hinwegzudenken.

Rund 170 Städte schlossen sich dem Bund der Hanse an. In ihnen war der Geist der neuen, gestaltenden Kräfte, des gewerbetreibenden Bürgers, des fleißigen Handwerkers und welterfahrenen Kaufherrn maßgebend und führend. Der Feudalismus, Adel und Grundherren, haben kaum noch einen bescheidenen Bruchteil von dem aufzuweisen, was der Bürger für den allgemeinen Wohlstand zustande bringt.

Der hansische Handel legt Regeln fest für den Umschlag bestimmter Waren; und die Städte, die die anerkannten Stapelplätze hansischen Kaufmannsgutes wurden, lebten Generationen lang von den Besonderheiten ihres Marktes. Hier wurde Korn und Getreide aus dem Hinterland gestapelt und verschifft, dort Fische, Pelzwerk, Bernstein und Zinn.

Ein althansischer Spruch zählt knapp und bündig auf: Lübeck ein Kaufhaus, Köln ein Weinhaus, Braunschweig ein Honighaus, Danzig ein Kornhaus, Magdeburg ein Backhaus, Rostock ein Malzhaus, Lüneburg ein Salzhaus, Stettin ein Fischhaus, Halberstadt ein Frauenhaus – was natürlich nicht besagen will, daß die Frauen hier als Stapelware gehandelt worden seien –, Reval ein Flachs- und Wachshaus, Krakau ein Kupferhaus, Wisby ein Pech- und Teerhaus.

Es lag klar zutage, wie sehr die allgemeine Wohlfahrt in Stadt und Land durch den Fernhandel der Kaufmannschaft gefördert wurde, und so wußten die Städte auch die Verpflichtungen zu würdigen, die aus der Teilnahme am Segen des Handels hervorgingen, wie sie in der erwähnten Kölner Konföderation beschlossen worden waren: »Um mancherlei Unrecht und Schaden, den die Könige dem gemeinen Kaufmann tun und angetan haben«, heißt es da, »wollen die Städte ihre Feinde werden und eine der andern treulich helfen ...« »Welche Stadt von der wendischen Seite von Preußen, von Livland und von der deutschen Hanse im allgemeinen, von der Südersee, von Holland und von Seeland nicht dazu tun will, deren Bürger und Kaufleute sollen keine Gemeinschaft mehr haben mit allen Städten in diesem Bunde. Man soll ihnen nichts abkaufen noch verkaufen. In keinen Hafen sollen sie ein- oder ausfahren, laden oder löschen zehn Jahre lang.«

Das war gewiß ein anderer Einsatz kraftvoller Selbsthilfe als in den Anfängen, da es galt, ab und zu gegen Raubritter und Wegelagerer zusammenzustehen. Aus der kleinen »Schar in der Fremde« war ohne jede politische Zielsetzung eine Großorganisation von gleichwohl politischer Bedeutung geworden. Jetzt war die Hanse stark genug, mit dem Bund ihrer Städte den Dänenkönig Waldemar und den Norweger Haakon zu besiegen. Eine jede der Hansestädte hatte Geld und Waffen und Kriegsleute gestellt; und die Seestädte hatten ihre Handelskoggen für den Kriegsdienst ausgerüstet.

Mit solchen Kämpfen und Siegen waren indessen noch nicht alle Fährnisse des Handels aus dem Wege geräumt. Die merkwürdige Unbedenklichkeit, mit welcher der Adel des Mittelalters Faustrecht, Raub und Plünderung als ein ehrbares Geschäft betrachtete, herrschte auch an der Küste. Da gab es manchen Fürsten und Burgherren und hohe Adlige, die das einträgliche Geschäft der Seeräuberei betrieben oder mindestens mit den Piraten Hand in Hand arbeiteten, ihnen Unterschlupf und Waffenhilfe gewährten und den Raub mit ihnen teilten. So stark waren die Seeräuber schon, daß sie ganze Flottenverbände von heimkehrenden, vollbeladenen Kaufmannsschiffen kaperten! – Eine derartige Gefährdung des Handels war aber auf der zu dieser Zeit erreichten Entwicklungsstufe mehr als nur ein geschäftliches Mißgeschick für die vom Verlust betroffenen Kaufleute; es war eine unmittelbare Gefährdung des allgemeinen volkswirtschaftlichen Güteraustausches und in diesem Sinne eine Gefahr für die soziale Ordnung, die sich in der Endwirkung bis weit im Hinterland bemerkbar machen mußte.

Auch in diesen Angelegenheiten war es die Hanse, die junge Macht aus dem Schoße des Bürgertums, die die Ordnung von Recht und Sitte herstellte, von der alle Kultur und Weiterentwicklung abhängig war. Die alten Ordnungsmächte des Adels hatten vor dieser Aufgabe versagt.

Wie sehr die Lebensauffassungen der Piraten den Denkgewohnheiten des Raubrittertums entsprachen, zeigte sich in den Tagen, als die Hamburger den kühnsten und gefährlichsten Seeräuber, Klaus Störtebecker, den Tochtermann des mächtigen Kenno ten Broke, mit 150 Kumpanen gefangen hatten und ihm den Prozeß machten. Da protestierte der Seeräuber noch dagegen, daß man ihn in Ketten gefesselt schimpflich auf der Kuhhaut zum Richtplatz schleppen wollte. Er habe doch nur als »tapferer Kämpfer« das Faustrecht zur See ausgeübt, wie es sich die Ritter und Junker zu Lande »auch zur Ehre anrechnen«; er habe den Kauffahrern kühn und in ehrlichem Kampfe wieder abgenommen, was sie »mit Krämergeist errafft« hätten. Und schließlich bat er, daß er mit den Seinigen den letzten Gang zur Richtstätte im besten Gewand gehen dürfe. – Die Richter des Rates von Hamburg gewährten die Bitte, und so war es, wie die Chronik berichtet, ein wahrhaft unerhörtes Schauspiel, als die 150 todgeweihten Seeräuber »sauber und prächtig angezogen in seidenen Wämsern, Schuhen und Hüten« von Trommlern und Pfeifern geführt, zum Richtplatz marschierten, wo sie vor den Augen einer großen Menschenmenge mit dem zweischneidigen Schwert des Meisters Rosenfeldt enthauptet wurden.

In den Vorstellungen des Volkes gehörte Klaus Störtebecker freilich nach seinem blutigen Ende erst recht zu jenen wunderlichen Gestalten, die als »edle Räuber« in der Erinnerung fortleben. Der kühne Seeräuber hat überdies vor seiner Hinrichtung anno 1402 noch eine Stiftung für die Armen errichtet. Nach dieser Stiftung werden heute noch alljährlich im Monat März im Hof des Rathauses zu Verden an der Aller 800 Salzheringe und nach einem jahrhundertealten Rezept gebackene Roggenschrotbrote verteilt.

Wenn wir heute solche Bilder eines machtvoll pulsierenden Lebens, eines ständigen Kampfes gegen Widerstände und Bedrohungen jeglicher Art, wie ihn dieses Bürgertum des gotischen Mittelalters zu bestehen hatte, an unserem geistigen Auge vorüberziehen lassen, gewinnen wir vielleicht erst den rechten Standort, die Leistungen jener Zeit richtig zu beurteilen. Die äußeren Umstände sind dem Erblühen eines wirtschaftlichen Wohlstandes und einer hohen Kultur in jenen Jahrhunderten weitaus ungünstiger gewesen, als sie es in unserer Zeit sind. Hinzu kommt, daß sowohl die Methoden als auch die Möglichkeiten des Verkehrs gegenüber den Möglichkeiten der modernen Welt eine viel geringere Entfaltung der Leistung erlaubten. Ungeachtet dessen läßt sich aber nicht leugnen, daß das Leben reicher war, daß Fleiß und unverdrossene Regsamkeit, Arbeit und Wagemut im Handel einen Wohlstand hervorbrachten, der merkwürdigerweise heutzutage für viele unerreichbar zu sein scheint.

Es liegt offensichtlich in den Unzulänglichkeiten menschlichen Denkvermögens, daß es schwer ist, jene Zusammenhänge noch zu erkennen, die außerhalb des Blickfeldes unmittelbarer Beobachtungsmöglichkeit liegen. Wir haben einen zu »engen Horizont«, um die Fäden verfolgen zu können, die sich in der Ferne verlieren und an denen doch unser Schicksal hängt. Auch geschichtliche Tatsachen, die sonnenklar zutage liegen, sind selten bis in die eigentlich entscheidenden Zusammenhänge hinein begriffen worden. – Man hätte sonst aus der Geschichte schon viel mehr lernen können.

So dürfte es im Grunde nicht einmal verwunderlich sein, daß ein ursächlicher Zusammenhang des machtvollen Aufblühens der mittelalterlichen Weltwirtschaft mit den hier wiederholt hervorgehobenen Eigentümlichkeiten der mittelalterlichen Geldverfassung in unseren Geschichtsbetrachtungen in der Regel übersehen wird. Die eigentliche Verwirrung entsteht aber erst, wenn der Historiker auf dem Gebiet, von dem er einige markante Besonderheiten berichten muß, keine gründlichen Kenntnisse hat und darum seinen Wertungen und seinem Urteil die übliche Allerweltsmeinung zugrunde legt. So redet man denn von einem »mittelalterlichen Münzwirrwarr« und nimmt andererseits das Phänomen der jahrhundertelang blühenden Wirtschaft und Kultur als eine Selbstverständlichkeit hin, als ob es daran nichts zu erklären gäbe.

Wer aber erst anfängt, die herrschenden Meinungen der heutigen Zeit zu diesen Betrachtungen in Beziehung zu setzen, der wird erst recht verwirrt. Es ist nach diesen herrschenden Ansichten schlechthin unvorstellbar, daß man mit einem Geld, das überall anders ist und immer nur einen beschränkten Gültigkeitsbereich hat und obendrein auch noch periodisch verändert ist, Waren kaufen kann, die ganz wo anders produziert werden.

Wie hat es also die Hanse gemacht? Wie kam es, daß diese Schöpfung deutscher Organisationskunst ohne politische Macht, ohne Kaiser und Fürstengewalt, ohne die Herrschaft über das Gewissen der Menschen nur aus der Leistung des Bürgertums heraus groß wurde?

Die Hanse war die Gestalterin des mittelalterlichen Welthandels; sie war an dieser Aufgabe selbst groß geworden. Aber so wichtig die Tätigkeit des Kaufmanns auch sein mag – ganz voraussetzungslos ist sie dennoch nicht. Eine jede Ware kann nur verkauft werden, wenn die Nachfrage auf den Markt kommt, die »Nachfrage« in Gestalt jener Münzen, die man für die Ware zu bezahlen gedenkt. Um den »Bedarf« braucht sich der Kaufmann keine Sorgen zu machen. Bedarf ist immer da, denn der Bedarf wird von Hunger und Liebe erzeugt und ist so uferlos wie das Begehren nach allem Schönen und Guten. Auf die »Nachfrage« also kommt es an, und die Nachfrage ist identisch mit dem Geldangebot. Das Geld muß also erst einmal da sein; man muß es haben, um es ausgeben zu können. An dieser elementaren Vorbedingung kann alle Tüchtigkeit des Kaufmanns, der verkaufen möchte, nicht das Geringste ändern.

Mit dem »Da-sein« des Geldes ist es aber nun auch noch nicht ganz getan. Was auf dem kleinen Markt der mittelalterlichen Stadt der eine ausgibt, das nimmt der andere ein – das Geld ist so immer wieder da, gleichgültig, in wessen Händen es sich befindet, und es wäre auch immer noch da, wenn es in der Truhe läge. Seine volkswirtschaftliche Bedeutung entfaltet es aber nur, wenn es nicht in der Truhe liegt, sonst hätten die Schätze Attilas, des Hunnenkönigs, auch schon kulturfördernd wirken können. – Es kommt also darauf an, daß das Geld immer wieder als Nachfrage auftritt, heute nach dieser und morgen nach jener Ware. So kommt mit der Zirkulation des Geldes ein geschlossener Stromkreis von immerwährender Nachfrage zustande, der fortgesetzt die Erzeugnisse des Gewerbefleißes vom Markt nimmt. Daraus ergibt sich der ständige Impuls zur Weiterarbeit, zur erneuten Belieferung des Marktes. Alle Arme rühren sich, und der Segen dieses Fleißes zeigt sich in immer besseren, vortrefflicheren Leistungen, in reicher Mannigfaltigkeit der Güter, die auf den Markt strömen; und das Kaufen und Verkaufen steigert allseitig den Wohlstand, weil der Absatz die restlose Weiterarbeit ermöglicht.

Diesen Zustand ununterbrochener Geschäftigkeit hat also jenes merkwürdige Geld, das keiner in die Schatztruhe legen mochte, weil es vielleicht in Kürze aufgerufen werden konnte, ursächlich ausgelöst. So war an allen Orten und auf allen Märkten, wo Brakteaten zirkulierten, Tag für Tag, Jahr für Jahr ohne Unterbrechung bis zur Mitte des 15. Jahrhunderts eine rege Nachfrage vorhanden. Diese Nachfrage zu befriedigen, größeren und verfeinerten Anforderungen gerecht zu werden, Güter aus der fernen Welt heranzubringen und die heimischen Erzeugnisse draußen abzusetzen, das war die einfache und selbstverständliche Aufgabe der Kaufleute. Diese Aufgabe war groß genug, und sie ist vom hansischen Kaufmann wahrhaft ehrenvoll gelöst worden. Aber wir würden nur zu halben Einsichten kommen, wenn wir nicht die Vorbedingungen dieser Blüte des Welthandels ins Auge fassen würden.

Sicher würde auch die moderne Welt zu einer dauernden Blütezeit des Handels und der Wirtschaft kommen, wenn die Märkte der Welt bis in das breite Land hinaus jede Zufuhr so rasch und bereitwillig aufnehmen würden, wie es zur Zeit der Gotik geschah.

DIE BESIEDLUNG OSTELBIENS

Wenn die moderne Zeit glaubt, daß die Besiedlung von Neuland – zumal wenn es sich um Räume handelt, die sich über 1000 km erstrecken – nur durch die Initiative staatlicher Obrigkeit zustande kommen könne, so hat die größte geschichtliche Siedlungsbewegung in Europa, die mehr als 400 Städte östlich der Elbe entstehen ließ, den beachtenswerten Beweis erbracht, daß die anhaltende Leistungskraft einer blühenden und gesunden Volkswirtschaft aus sich heraus die Initiative entwickelt und gar keiner zentralen staatlichen Planung bedarf.

Gewiß hat bereits im 14. Jahrhundert vornehmlich Karl IV. dem Städtebau seine besondere Liebe und Sorgfalt zukommen lassen. Sein schönstes Werk, das »goldene Prag«, wesentlich von dem aus Schwäbisch-Gmünd stammenden Baumeistergeschlecht der Parler mitgestaltet, stammt aus dieser Zeit. Ebenso haben Könige und Fürsten sich des Städtebaues angenommen. So ist Berlin eine Gründung des Fürstengeschlechtes der Askanier aus dem Anfang des 13. Jahrhunderts. Und mit dem Ziel der weiteren Ausbreitung des Christentums hat der Deutschritterorden sein Kolonisationswerk im Osten betrieben, seine Burgen und Niederlassungen in Preußen, Livland und Kurland, östlich der Weichsel angelegt.

Man muß sich indessen darüber klar sein, daß bei allen diesen Vorgängen die bleibende Leistung nicht aus dem Machtspruch der Großen oder gar aus den Entscheidungen des Schwertes hervorging, sondern daß das Bleibende von den Kräften gestaltet wurde, die in Arbeit und Fleiß und scheinbar unversiegbarer wirtschaftlicher Leistungsfähigkeit auftraten. Die Initiative der Großen konnte nur wenig mehr als eine Geburtshilfe darstellen, wenn wir die Vorgänge im ganzen Zusammenhang richtig betrachten.

In der Tat war die Wirtschaftskraft dieser Zeit so expansiv, daß z. B. die Deutsche Hanse aus dem Überschuß ihres Leistungsvermögens selber das Werk der Städtegründung in die Hand nahm. Zweifellos hat damit das Bürgertum einen Höhepunkt seiner Kraft und seiner

Bedeutung erreicht, für den es in der Geschichte kaum ein Vorbild gab und zu dem es auch später nie mehr gelangte.

Während im Süden und im Westen die alten Städte organisch gewachsen waren, wie ein Baum Ring um Ring ansetzt, und während hier bei jeder Erweiterung das bereits Vorhandene mit liebevoller Sorgfalt mit dem Gesamtbild des Zukünftigen verwoben werden mußte, waren die neu entstehenden Städte jetzt in kühner Großzügigkeit oft schon von vornherein so angelegt, wie es die Voraussicht der Entwicklung erforderte. Hier ging schließlich das Wachstum bereits so schnell, daß eine Generation das Werden der Stadt sichtlich miterleben konnte.

Lübeck, an der Stätte einer von den Slawen zerstörten Ansiedlung unter Führung von Herzog Heinrich dem Löwen anno 1158 von einem Konsortium wagemutiger Unternehmer aus altdeutschen Städten gegründet, war so rasch und machtvoll gewachsen, daß es zum Ausgang des folgenden Jahrhunderts das Haupt der Hansestädte darstellte. »In jenen entscheidungsreichen Jahren«, so schreibt Fritz Rörig in seinem Werk »Vom Wesen und Werden der Hanse«, »sind fast alle jene Städte erwachsen, die noch heute Handel und Wandel des Ostseeraumes bestimmen: Lübeck und Rostock im Westen, Stralsund, Danzig und Elbing im Süden, Riga und Reval im Osten, Wisby und Stockholm im Norden mögen beispielhaft genannt werden. Als Ganzes genommen, handelte es sich hier um einen Vorgang von einer Großartigkeit, die sich mit der Gründung griechischer Kolonialstädte an weit entfernten Meeresküsten in Vergleich setzen läßt; jedenfalls um eine Erscheinung von Wucht und Größe und vor allem von grundsätzlicher Bedeutung für spätere Jahrhunderte« (s. a. a. O., S. 12/13).

Jene Jahrzehnte waren es aber auch, in denen die Brakteatenprägung Heinrichs des Löwen in seiner neuen Residenz Braunschweig ihre höchste Blütezeit hatte. Ein Pfennig aus dem Jahre 1166 war auf den Hochzeitstag des Herzogs mit Mathilde von England geprägt und zeigt das Herzogspaar über den Zinnen seiner Burg. Ein anderer Pfennig wurde 1168 auf die Errichtung des Welfendenkmals im Hof der neuen Burg Dankwarderode geschlagen; und wieder ein anderer Brakteat zeigt den Herzog mit Lilienzepter und Schwert zwischen zwei Burgtürmen sitzend, zwei Löwen als Wappentiere zu seinen Füßen. Wie an anderer Stelle bereits erklärt, haben aber in diesem mitteldeutschen Raum auch Bischöfe, Abteien und andere weltliche Adlige eine besonders intensive Münzprägung betrieben – und damit waren die monetären Vorbedingungen für die Expansion nach dem Osten, für die Neugründung von Ansiedlungen und Städten, zur rechten Zeit geschaffen.

Die Entwicklung dieser Städte war naturgemäß mitbestimmt von den Erfahrungen, die man im Städtebau am Rhein und an der Donau, in Flandern und in England gemacht hatte.

Doch nun zeichnet sich auch hier hinter dem gewaltigen Eindruck, den die geschichtlichen Tatsachen hinterlassen, die Frage nach den Kraftquellen ab, aus denen die realen Leistungen doch hervorgehen mußten; und so läuft alles wieder auf die Frage zu: Wie anders wäre es möglich gewesen, den natürlichen Reichtum des Ostseeraumes, der viele Jahrhunderte lang brach lag, zu wecken, zu heben und umzuformen in einen Kranz blühender Städte bis tief ins Land hinein, wenn nicht so, wie es der hansische Kaufmann und Unternehmer zustande brachte – durch den weltweiten Vertrieb jener silberblinkenden Fracht, die die Fischerkähne aus der See schöpften?

Es haben auch vorher schon Ansiedlungen an der Küste bestanden, es bestand Fischerei und Seefahrt; aber die großartigsten Möglichkeiten sind wertlos, solange sie nicht umgemünzt werden können in die mannigfaltigen Leistungen anderer. Hier lag das Verdienst der Hanse, daß sie die herrlichen großen Möglichkeiten des Fernhandels ausschöpfte. Es gibt überall Reichtum, der am Ort seines Vorkommens wertlos ist, während er in der Ferne mit klingender Münze aufgewogen wird. Diese Wahrheit gilt nach jeder Richtung. Der Hering, der Stockfisch, der geräucherte Fisch hatten in diesen Jahrhunderten für die Ernährung im Schwäbischen, in Franken, im Burgundischen oder im Donautal überall schon die gleiche Bedeutung. Ebenso aber war das Korn aus Mitteldeutschland oder dem östlichen Hinterland, der rheinische oder burgundische Wein, Leinwand und Wolle aus Niedersachsen und aus dem Lüneburger Heideland an der Küste begehrt.

Der hansische Kaufmann, der das Netz seines Handels so weit zu spannen trachtete, als er nur vermochte, konnte für sich und seine Heimatstadt überall nur gewinnen. Ernst Hering weist in diesem Zusammenhang bei seinen Ausführungen über die Macht und Größe der Hanse darauf hin: »Wir werden die Beobachtung machen, daß die Führung im Handel in Brügge jeweils der Städtegruppe zufällt, die über russisches Pelzwerk und Wachs, über schwedisches Eisen, den schonenschen Hering und über die forst- und landwirtschaftlichen Erzeugnisse der Länder östlich der Elbe verfügen.«

Die Erschließung dieses östlichen Raumes hat aber naturgemäß dem Handel und dem gesamten Wirtschaftsleben des hohen Mittelalters nicht nur neue Quellen der Lieferung von realen Gütern, sondern zugleich auch einen neuen Markt für den Absatz der eigenen Landeserzeugnisse geschaffen. Das eine bedingte das andere – während man heutzutage bekanntlich immer wieder daran herumlaboriert, das eine zu nehmen und das andere zu vermeiden!

Bei wachsender Entfaltung des Fernhandels war freilich, wie wir später noch sehen werden, mit der Pfennigprägung nicht mehr auszukommen. Sowohl im Westen wie auch im Osten wurden nun neben dem Pfennig auch beträchtliche Mengen schwerere Münzen geschlagen; von diesen schweren Münzen sollte der »Groschen« die meistverbreitete Prägung werden. Im Zusammenhang mit dem Aufblühen des Ostens, das durch das Einströmen der Deutschen mächtig gefördert wurde, ist auch die Münzprägung der böhmischen Könige ein wichtiger Stein im Mosaik des Ganzen. Bereits um das Jahr 1300 führte Wenzel II. den sog. »Prager Groschen« ein. Die böhmischen Silbererzgruben waren so reich und ergiebig, daß man den König den böhmischen Krösus nannte.

In der Mark Meißen, wo sein Vorgänger Otto der Reiche noch vor kurzem seine prächtigen Brakteaten geschlagen hatte, ließ nun Friedrich der Ernsthafte (1324–1349) nach böhmischem Muster Groschen prägen. Bis dahin war indes der Groschen noch keine Ablösung des Pfennigs, sondern eine zusätzliche Münze, die der wachsende Verkehr erforderte. Wenn der eine Münzherr keine Brakteaten mehr prägte, prägten andere doch immer noch weiter. Und doch bahnte sich mit der Zunahme des Fernhandels und der Geldgeschäfte allmählich eine bedeutsame Veränderung an.

In konjunkturpolitischen Betrachtungen der Gegenwart wird häufig auch von der unvergleichlichen Belebung gesprochen, die von einer aufblühenden Bauwirtschaft ausgehe. Wir dürfen dessen gewiß sein, daß diese Belebung, soweit wir sie in unserer Zeit ab und zu für eine kleine Spanne von Jahren kennenlernten, nur einen schwachen Schimmer von dem darstellen dürfte, was sich damals bei der Neugründung von Hunderten von Städten, bei der Ansiedlung der Kaufleute und Unternehmer, der Handwerke und Gesellen, beim Transport der Materialien, der Versorgungsgüter, Lebensmittel, Kleidung, Schuhwerk und dergleichen mehr an wirtschaftlicher Betriebsamkeit und lohnender Geschäftigkeit ergab.

Dabei brauchen wir uns diese Städte nur anzusehen, um zu erkennen, daß das alles wahrhaftig nicht mit Kümmernis und Sorge »großgehungert« wurde; vom »Großhungern« sollte erst Jahrhunderte später einmal die Rede sein. Da stehen in Danzig, in 1000 km Entfernung vom westlichen Zentrum dieser Wirtschaftsblüte, die großen Speicher an der »toten Weichsel«, das gewaltige Krantor als markantes Wahrzeichen der einstmals reichen Seehandelsstadt. Der Artushof, das Trink- und Tanzhaus der reichen Bürger, im 18. Jahrhundert zur Getreidebörse umgewandelt, stammt aus dem 15. Jahrhundert. Da sehen wir in Königsberg noch die charakteristische Fachwerkfront der alten Speicher, die von einem Güterumschlag zeugen, der ein weites Hinterland versorgte; das Schloß im Herzen der Stadt mit seinem 82 m hohen gotischen Turm war einstmals als Deutschordensburg gegründet. Riga, von sieben alten Kirchen und der dortigen Ordensburg überragt, an der Mündung der Düna in den Rigaischen Meerbusen gebettet, wird seinen Ursprung aus hansischem Unternehmungsgeist sicher nie ganz verleugnen können. Lübeck–Wisby–Riga–Nowgorod: das war einer der großen und wichtigen Handelswege der Hanse. Fritz Rörig erinnert in diesem Zusammenhang an jenen berühmten Vertrag, den 1229 der Fürst von Smolensk mit den deutschen Kaufleuten auf Gotland geschlossen hat, und führt an, daß von den Bürgern der Ostseestädte solche aus

Wisby, Lübeck und Riga, aber auch Kaufleute aus dem fernen Westen, aus Soest, Münster, Groningen, Dortmund und Bremen beim Vertragsabschluß auftraten.

Wir können indessen auch die Städte des Hinterlandes aufsuchen – die Städte an der Weichsel, Graudenz, Thorn, Bromberg, Warschau, Krakau –, ebenso in den Flußtälern von Oder und Warthe aufwärts wandern, wir werden überall die Spuren derselben Wirtschafts- und Kulturblüte finden, von der diese Jahrhunderte in verschwenderischer Fülle überwuchert wurden.

Daß die Burgen des Deutschritterordens in Anlage und Großartigkeit der Ausführung von der gleichen wirtschaftlichen und finanziellen Kraft zeugten, die in allen Werken dieser Zeit in Erscheinung trat, ist nicht weiter erstaunlich. Wohl pflegte der Deutschritterorden, der ursprünglich in Palästina aus einer Brüderschaft zur Pflege der Kranken und Verwundeten während der Kreuzzüge entstanden war, sich dann im 13. Jahrhundert mehr dem Kampf für die Ausbreitung des Christentums widmete und sich mit dem Schwertritterorden vereinigte, weniger weltliche Geschäfte als vielmehr den Waffendienst im Sinne seines Ordenszieles. Daß sich dabei auch Konflikte zwischen der Absicht und der Handlung ergaben, daß das Schwert und die Streitaxt in den Händen religiös fanatisierter Mitglieder des Ordens auch Unheil anrichten konnte, haben die Kaufleute oft genug zu spüren bekommen. Bei geschichtlicher Beurteilung dieser Tatsachen muß indessen auch beachtet werden, daß damals selbst im kultivierteren Westen noch häufig genug von Waffengewalt Gebrauch gemacht wurde, so daß ein gewaltloses Wirken im östlichen Raum den Menschen einfach nicht denkbar gewesen wäre.

Aber mit Schwert und Streitaxt baut man dennoch keine Burgen und Städte; der Orden muß folglich über Geld und Güter verfügt haben, um die Marienburg, die Burg Allenstein, die Burgen in Riga, Reval, Marienwerder, Graudenz, Thorn und an anderen Orten gründen zu können. Auch mit den Arbeitsleistungen von Hörigen konnte allein kein solches Werk zustande gebracht werden. Woher also kam der Reichtum, von dem die Bauwerke der Ordensburgen zeugen?

Der Deutschritterorden widmete sich seit dem Anfang des 13. Jahrhunderts der Unterwerfung und Christianisierung der heidnischen Preußen im Weichsel- und Wartheland. Das auf diese Art gewonnene Land erhielt der Orden vom Kaiser zu Lehen. Was sich damit vollzog, war eine permanente Erweiterung des Reiches, freilich in einer Richtung, aus der Jahrhunderte zuvor die germanischen Stämme westwärts gezogen waren und nur eine geringe Bevölkerungsdichte verblieben war. Doch über Polen hinaus konnten die Deutschherren nicht weiter ostwärts vordringen. Hier fanden sie 1410 bei Tannenberg und 1466 im Thorner Frieden ihre Niederlage.

Aus dem von ihm verwalteten Lehen bezog der Deutschritterorden die reichsüblichen Einkünfte des Zehnten, und auf dem Boden seiner Neusiedlungen steigerte sich die Grundrente in derselben Art wie überall, wo aus Ödland Städte wachsen. Gleichwie am Rhein und im Fränkischen die Städte um die Herrensitze, Königspfalzen und bischöflichen Residenzen entstanden waren, so bildeten hier im Osten die Burgen der Ordensritter das Kristallisationszentrum, um welches das Gewimmel von Gewerbetreibenden und Kaufleuten sich niederließ.

Die dritte und letzte, aber keinesfalls unbedeutende Quelle der Wirtschaftsstärke des Ordens lag in der Verbindung mit dem hansischen Handel; die Herren, die mit Kreuz und Schwert umzugehen wußten, waren auch in kommerziellen Dingen keinesfalls unbeholfen. In Krakau, tief im polnischen Hinterland, genossen die Wagenzüge der Deutschherren Zollfreiheit. Auch waren die Ordensritter in der Erschließung des Hinterlandes für die Lieferung land- und forstwirtschaftlicher Erzeugnisse rührig und geschickt; Holz, Pelze, Wachs und Getreide kamen vornehmlich aus dem Bereich des Ordenslandes und aus dahinter liegenden Gebieten, die dem hansischen Kaufmann kaum noch erreichbar gewesen wären.

Daß der Deutschritterorden auch das Münzrecht ausübte, wurde bereits erwähnt. Der Orden hat das Münzrecht mit dem kaiserlichen Privileg Friedrichs II. anno 1226 erhalten. Da der Orden in Verbindung mit der Hanse vornehmlich dem großen Handel diente, verlegte er sich unter dem Ordensmeister Winrich von Kniprode

(1351–1382) auf die Ausprägung von Groschen- und Schillingmünzen. Diese Münzen waren aber keine Brakteaten mehr; es waren doppelseitig geprägte Münzen, auf der Rückseite zeigten sie den Hochmeisterschild. Die Groschenmünze wurde »Halbschoter« genannt. Unter der Führung des Winrich von Kniprode erlebte der Deutschritterorden seine höchste Blütezeit; in dieser Zeit erhielt auch die Marienburg ihre letzte Vollendung. Auch hier hat das Geld seinen redlichen Teil zum Erfolg beigetragen.

So sehen wir, daß der Pulsschlag eines kraftstrotzenden Wirtschaftslebens bis an die Peripherie der christlich-abendländischen Kulturwelt zu spüren war. Der stetige Güterabsatz, der unaufhörliche Antrieb zu weiteren und größeren Leistungen, war tausend Kilometer östlich des Rheines genauso stark wie in Köln oder in Flandern. Und der Reichtum, den der nimmermüde Fleiß dieser Jahrhunderte schuf, der Reichtum, den die entfesselte Produktivkraft ungehinderter Arbeit spielend zu fördern vermochte, dieser Reichtum ließ also nicht nur Kathedralen und stolze Rathäuser, Patrizierpaläste und Gildehallen entstehen, sondern er trat über die Ufer und schlug sich östlich der Elbe in Burgen und Hunderten von Städten nieder.

Niemals vorher und niemals nachher ist etwas Derartiges innerhalb eines verhältnismäßig kurzen Zeitraumes noch einmal geschehen. Es ist aber auch niemals vorher und niemals nachher noch einmal eine Wirtschaftsblüte von gleicher Beständigkeit aufgetreten.

ARBEIT UND EINKOMMEN

Unter dem Eindruck der großartigen Leistungen, die das Zeitalter der Gotik aus seiner unerschöpflichen Tatkraft für kommende Jahrhunderte geschaffen hat, drängt sich nun aber doch die Frage auf, wie das alles möglich gewesen sein kann, welches Maß von Arbeit der Mensch auf sich genommen haben muß und in welchem Umfang er wohl seine eigenen Lebensbedürfnisse zugunsten solcher in die Zukunft reichender Werke zurückgedrängt haben mag.

Volkswirtschaftliche Grundgesetze sind überall und zu allen Zeiten dieselben. Jede Erstellung von Anlagen, seien es Häuser oder Burgen, Brücken oder Kathedralen, Gildehallen oder Rathäuser, Stadtmauern oder Straßen, die der Zukunft dienen, kann immer nur durch eine Abzweigung aus den Produktionsleistungen der Gesamtheit zustande kommen. Es muß sich also auch damals um denselben Vorgang gehandelt haben, der uns heute unter den Begriffen »Sparen« und »Investieren« geläufig ist. Keine Volkswirtschaft kann etwas in Investitionen umwandeln, in Häuser, Brücken, Verkehrs- und Produktionsanlagen oder auch in öffentliche und Kulturbauten, ohne daß sie in gleichem Umfang den Verbrauch, den Lebensstandard der jeweiligen Gegenwart einschränkt. Das sind reale Erfordernisse, die auch mit den modernen Pfiffigkeiten von »Kreditschöpfung« nicht aus der Welt zu schaffen sind. Diese Kreditschöpfungen – heute zum Beispiel mit Vorliebe für jeweilige Kriegsfinanzierungen eingesetzt – stellen stets nur einen nicht sonderlich frommen Betrug dar. Aber von Kreditschöpfung hatte ja der Mensch der Gotik überhaupt noch keine Ahnung, so daß die Überlegung, es könnte vielleicht solcherart zustande gekommen sein, selbst dann gegenstandslos wäre, wenn jemand den Widersinn einer solchen Annahme nicht durchschauen und die Möglichkeit allen Ernstes bejahen würde.

In der Tat ist also alles, was diese drei Jahrhunderte von der Mitte des 12. bis zur Mitte des 15. Jahrhunderts vollbrachten und der Nachwelt hinterließen, aus einer Produktivkraft heraus geschaffen worden, die sich nicht in der Herstellung aller derjenigen Güter zu erschöpfen brauchte, welche für den Lebensunterhalt und Lebensgenuß jener Menschen auf alle Fälle benötigt wurden. Es muß also ein Überschuß von Leistungskraft dagewesen sein, der, volkswirtschaftlich betrachtet, eine »Sparquote« darstellte und sich in die »Investitionen« der betrachteten Art verwandelte. Hieraus ergibt sich im Hinblick auf das achtunggebietende Resultat jener Investitionstätigkeit, daß sich diese Zeit entweder eine außerordentliche Sparsamkeit auferlegt haben muß oder daß die Menschen fast bis zur Erschöpfung gearbeitet haben müssen – zumal ihnen die höhere Produktivität der modernen Technik noch nicht zur Verfügung stand – oder daß das Einkommen aus irgendwelchen Gründen nach unseren heutigen Begriffen ungewöhnlich hoch gewesen sein muß. – Diesen Fragen werden wir im einzelnen nachgehen müssen.

Was die Arbeitszeit anbelangt, ist zunächst daran zu erinnern, daß das christliche Mittelalter neben den Sonntagen sehr viele kirchliche Feiertage hatte; Adolf Damaschke schreibt in seinem Werk »Geschichte der Nationalökonomie«, daß von den Handwerksgesellen vielfach noch die Freigabe des blauen Montags verlangt und erreicht wurde. »In Amberg setzten die Zünfte den ›allgemeinen guten Montag‹ auf alle 14 Tage fest« (s. a. a. O., S. 48/49).

»Wer an Sonnabenden oder an Vorabenden hoher Feste nach dem Vesperläuten noch arbeitete oder arbeiten ließ, wurde in Strafe genommen. Da die Zahl der streng eingehaltenen Feiertage mindestens 90 betrug, so brauchten die Handwerksgesellen, wenn sie auch noch die Freiheit des Montags erkämpft hatten, in der Woche durchschnittlich nur vier volle Tage zu arbeiten, und auch an diesen Tagen war für geregelte Arbeit gesorgt« (s. a. a. O., S. 49).

Als bemerkenswert – und als Zeichen dafür, daß der blaue Montag nicht nur in vereinzelten Fällen durchgesetzt wurde – verdient hervorgehoben zu werden, daß die Handwerksgesellen in den mittelalterlichen Städten diesen Tag vielfach forderten, um am Badeleben teilnehmen zu können. »In Meißen mußten jedem Maurergesellen wöchentlich 5 Groschen Badegeld gegeben werden, in einer Zeit, in der ein ganzer Scheffel Korn nur 6 Groschen und 5 Pfennige kostete.« Der sächsische Scheffel faßte 103,8 Liter!

Noch am Ausgang dieses Zeitalters, um 1450, konnte Erzbischof Antonin von Florenz in seiner Summa sacrae Theologiae es als selbstverständlich bezeichnen, daß für die Gewinnung des notwendigen Lebensunterhaltes eine kurze Arbeitszeit genüge und daß nur derjenige lange und viel arbeiten müsse, der nach Reichtum und Überfluß strebe (s. a. a. O., S. 50).

Und 1465, als sich die große Zeit ihrem Ende zuneigte, wollten die Herzöge von Sachsen die Schicht ihrer Bergwerksknappen in Freiburg i. S. von 6 Stunden – was bis dahin die gültige Arbeitszeit war! – auf 8 Stunden erhöhen. Die Bergknappen widersetzten sich jedoch und forderten eine Lohnerhöhung; die Einigung darüber erfolgte indessen erst nach 14 Jahren, anno 1479, und betraf eine Neufestsetzung der Arbeitszeit auf 7 Stunden bei gleichzeitiger Lohnerhöhung (s. a. a. O., S. 49).

Wir werden an zahlreichen sonstigen Berichten und Schilderungen vom Leben und Treiben dieser Zeit noch feststellen können, daß von einer Menschenplagerei im Handwerk und städtischen Gewerbe, von einer drückenden Inanspruchnahme der Arbeitskraft, durch welche sich spätere Zeiten bis auf die Gegenwart auszeichneten und noch auszeichnen, damals nirgends die Rede sein konnte. Besonderen Anforderungen in diesem Sinne waren allenfalls die Landbewohner ausgesetzt, die den Grundherren neben der Abgabe des Zehnten auch Frondienste zu leisten hatten; die außer dem Land, das sie selbst bestellten, auch die Felder des Burgherrn bestellen mußten, seine Wege bauen und sein Holz fällen und dergleichen mehr. Aber auch diese Möglichkeiten der Überspannung von Anforderungen an die Arbeitskraft der Landbewohner hatten jahrhundertelang ein Ventil in der Ausweichmöglichkeit nach der Stadt. Der Landbewohner, der das Land verließ und in die Stadt zog, um sich einem Gewerbe zu widmen, war fortan ein freier Mann, der über den Ertrag seiner Arbeit ohne Einschränkungen verfügen konnte. Dieser Umstand allein bewirkte, daß die Willkür und Maßlosigkeit des Landadels gezügelt wurde; und die Geschichte zeigt schließlich auch, daß die Bauernschinderei erst im 16. Jahrhundert, ein Jahrhundert nach dem Versinken der gotischen Wirtschaftsblüte, jene Formen annahm, die zu den Bauernkriegen führten. Die Logik dieser Entwicklung ist völlig klar, denn mit dem Ende der Wirtschaftsblüte verschärfte sich der Daseinskampf in den Städten; die Stagnation des Absatzes, das Versiegen der Nachfrage, auf dessen Ursache wir noch zurückkommen werden, brachte die Zünfte in starre Abwehr gegen zuziehenden Wettbewerb. Dadurch war den Landbewohnern der Ausweg nach der Stadt gesperrt, so daß sie der übermütig werdenden Gewalt ihrer Fronherren bedingungslos ausgeliefert waren.

Dies alles gehört, wie gesagt, in das 16. Jahrhundert, in die Zeit des Niedergangs, die ihren grauenhaften Tiefstand im Dreißigjährigen Krieg erreichen sollte. Zur Zeit der Gotik indessen hatte auch der Bauer noch seinen Anteil an der Wohlfahrt des Ganzen, ohne daß seine Arbeitskraft in dieser rigorosen Brutalität ausgebeutet worden wäre.

Unter Berücksichtigung dessen, daß der Landbau aus Gründen von Naturgegebenheiten, Lage, Klima, Bodenbeschaffenheit und anderen Umständen nicht überall gleich ergiebig sein konnte, ist es auch nicht verwunderlich, wenn die vorliegenden Berichte aus jener Zeit, nach denen es Landstriche gab, in denen die Bauern goldene Knöpfe am festlichen Wams trugen und silberne Schnallen an den Schuhen, nach denen unglaubliche Gelage anläßlich von Hochzeiten und Kirmesfeiern von erstaunlichem Wohlstand zeugten, nicht für den ganzen Bereich der damaligen Welt gelten.

Wo immer wir aber der Geschichte nachgehen, finden wir, daß der Mensch dieser Zeitläufte nicht lebte, um zu arbeiten – wie in späteren Zeiten Millionen von sich sagen mußten, ohne daß sie jemals über die Sicherung einer dürftigen Existenz zu einem wahrhaften und sorglosen Genuß des Daseins kommen konnten! –, sondern daß er arbeitete, um zu leben und sich des Lebens bei aller Religiosität und Jenseitsgläubigkeit doch noch herzhaft zu freuen.

Haben wir nun gesehen, daß der Aufwand an Leistung und Arbeit gegenüber der modernen Zeit, die doch so stolz ist auf ihre technischen Fortschritte, mit denen eine viel höhere Ergiebigkeit allen produktiven Schaffens gewährleistet wäre, damals geringer war als heute – und haben wir weiter berücksichtigt, daß es überdies eine viel geringere Menschenzahl war, die diese großartigen Leistungen aus der Vollkraft ihrer Zusammenarbeit schufen –, so dämmert uns vielleicht schon eine Ahnung davon auf, was es heißt, jahrhundertelang ohne die soziale Belastung erzwungener Arbeitslosigkeit und ohne die Übersetzungen eines unproduktiven, rein reglementierenden Verwaltungsapparates des Gemeinwesens, wie ihn unsere Zeit entwickelt hat, arbeiten und schaffen zu können.

Die soziale Fürsorge für Gebrechliche, für Alte und Kranke äußerte sich im Geiste des Christentums in freiwilligen Stiftungen von Spitälern wie auch in direkter Liebestätigkeit. In den reichen Städten war es Brauch, daß die Vermögenden und mit Glücksgütern Gesegneten in ihren Häusern in Erdgeschoß-Wohnungen sogenannte »Hausarme« aufnahmen, für deren Lebensunterhalt, Kleidung und täglich Brot der Hausherr sorgte. Daß so etwas möglich war, zeugt freilich nicht nur vom Geiste echter Caritas, sondern es zeugt auch davon, daß die Anforderungen an solche Opferwilligkeit im Rahmen des Erträglichen geblieben sein müssen. Die heutige Zeit würde für solche direkte Fürsorge keinen Raum mehr haben. Sie ist mit sozialen Anforderungen überlastet, die nicht von naturbedingter menschlicher Not, sondern vom krankhaften Zustand unserer Gesellschaft verschuldet sind.

Um aber im einzelnen noch genauer feststellen zu können, was der Handwerker, der Gewerbetreibende, der Kaufmann von seiner Arbeit hatte, ist es notwendig, Arbeitslöhne und Einkünfte einerseits wie auch Preise und Lebensbedingungen andererseits unter die Lupe zu nehmen.

Wiederum darf hier vornehmlich auf die verdienstvollen Zusammenstellungen von Adolf Damaschke in dem bereits mehrfach erwähnten Werk »Geschichte der Nationalökonomie« verwiesen werden. Wenn im Gebiet von Aachen um 1300 ein Tagelöhner beinahe den Preis von 2 Gänsen verdiente und wenn um 1480 am Niederrhein sich ein Tagelöhner bei freier Kost für den Lohn eines Arbeitstages 2,5 Liter Roggen, 2 Pfund Kalbfleisch, eine große Kanne Milch kaufen und außerdem noch soviel Geld übrig behalten konnte, daß er in der Lage war, in 4 bis 5 Wochen ein Paar Schuhe und 6 Ellen

Leinewand nebst einer gewöhnlichen Arbeitsjacke anzuschaffen (s. a. a. O., S. 41/42), so ersehen wir daraus, daß der Reallohn doch wohl außerordentlich hoch gewesen sein muß. Damaschke führt an derselben Stelle noch weiter an, daß um die gleiche Zeit in Sachsen ein gewöhnlicher Tagelöhner 6 bis 8 Groschen in der Woche verdiente – der »Groschen« war der große Silberpfennig, der in diesem Falle einen Wert von 12 einfachen Silberpfennigen oder 24 Hellern hatte; da in dieser Zeit ein Schaf 4 Groschen, ein Paar Schuhe 2 Groschen kostete, kann man sich den Reallohn leicht auf die heutigen Verhältnisse umrechnen.

In Augsburg verdiente ein Tagelöhner täglich soviel, wie 5 bis 6 Pfund des besten Fleisches kosteten. In der Schweiz war der Tagelohn eines Handlangers um das Jahr 1400 neben freier Kost – die ja in der patriarchalischen Ordnung jener Zeit fast überall vom Meister gewährt wurde – 4 bis 5 Franken nach dem heutigen Geld (s. a. a. O., S. 42).

Das waren nun aber nur die Einkünfte der niedrigsten Volksschichten, der ungelernten Tagelöhner, also der Menschen, die vielleicht gerade erst vom Land in die Stadt gezogen waren. Für die Lohnbedingungen der zünftigen Handwerksgesellen ist für den Ausgang jener glücklichen Zeit auch noch so etwas wie eine »Tarifordnung« überliefert. So bestimmten die Herzöge Ernst und Albert von Sachsen im Jahre 1482 in ihrer Landesordnung als Höchstlohn für einen Handarbeiter mit Kost wöchentlich 9 neue Groschen – um diese Zeit muß also die Renovatio monetarum in dieser Gegend noch bestanden haben, da die Zahlung ausdrücklich in neuen Groschen ausbedungen war, eine Bestimmung, die sich nach der Aufhebung der Münzerneuerung später erübrigte –; den Werkleuten sollte außerdem »zu ihrem Mittag- und Abendmahle nur 4 Essen, an einem Fleischtag eine Suppe, zwei Fleisch und ein Gemüse«, gegeben werden; »… auf einen Freitag und einen anderen Tag, da man nicht Fleisch isset, eine Suppe, ein Essen grüne und dörre Fische«, oder, sofern man nicht fasten müsse: »… fünf Essen, eine Suppe, zweierlei Fisch und zwei Zugemüse.« Da es damals noch keine Kartoffeln gab, bestanden also die Hauptmahlzeiten wesentlich aus Fleisch, Fisch und Gemüsen; die Suppen mögen Getreidesuppen, Graupen, Hirse und ähnliches gewesen sein, außerdem mag auch Brot als Zukost auf den Tisch gekommen sein. Dazu sollten die gelernten Werkleute 18 Groschen wöchentlich Lohn, die gemeinen Werkleute 14 Groschen, erhalten. »... so aber dieselben Werkleute bei eigener Kost arbeiten, so solle man dem ›Pollierer‹ über 27 Groschen und dem gemeinen Maurer über 23 Groschen nicht geben« (s. a. a. O., S. 47/48). Hieraus ersehen wir, daß die aufgeführte Kost mit einem Gegenwert von 7 bis 9 Groschen wöchentlich bewertet wurde.

Über die Preise wichtiger Lebensmittel und anderer Gebrauchsgüter gibt es zahlreiche Feststellungen, die wir heute noch nachprüfen können. An der Katharinenkirche in Oppenheim ist an einem der südlichen Strebepfeiler eingemeißelt: »Do daz brod vir haller galt, do wart diese cappelle ane gehoben. Ano Dni MCCCXVII.« Das war also der Brotpreis um das Jahr 1317: 4 Heller = 2 Pfennige.

Interessante Einzelheiten bringt auch Johannes Scherr in seinem bekannten Werk »Deutsche Kultur- und Sittengeschichte«. Scherr ist jedoch in der Münzkunde nicht zuverlässig und nennt auch mitunter Preise, die vollkommen aus dem natürlichen Verhältnis zu den übrigen Preisen der gleichen Zeit herausfallen. Immerhin dürfte es aber glaubwürdig sein und stimmt auch mit Berichten aus anderen Quellen überein, wenn er angibt: »Der Tagelohn eines Handwerkers betrug hier außer der Verköstigung sechs Pfennige, anderwärts 10 bis 15 Pfennige. Ein Erfurter Student bezahlte 1483 dem Schneider für Hose, Wams und Mantel 18 Groschen Macherlohn und gab dem Schneiderknecht 3 Pfennige Trinkgeld; für ein Paar Schuhe zahlte er 8 Groschen.«

Zu Basel waren 1355 mehrere Häuser zu je 3 Pfund verkauft worden – das Pfund müssen wir nach der karolingischen Münzordnung immer noch mit 240 Silberpfennigen in unsere Rechnung einsetzen. – Wenn von Pfennigen die Rede ist, ist immer der alte »Denar«, die kleinste und gängigste Silbermünze, gemeint. 3 Pfund für ein Haus stellten also einen Preis von 720 Silberpfennigen dar. Zwischen 1400 und 1430 gab es in Basel aber bereits Häuser, die 60 Pfund kosteten.

Zu Konstanz galten während des Konzils von 1414 bis 1418, das Hus zum Tode verurteilt und dem Scheiterhaufen überantwortet hatte, im übrigen aber die Spaltung in Papsttum und Kirche beheben und notwendige kirchliche Reformen einleiten sollte, folgende Preise: 1 Pfund Rindfleisch 3 Pfg., 1 Pfund Lammfleisch 7 Pfg., 1 Ei kostete 1 Heller, ein Hering 1 Pfennig (s. a. a. O., S. 242 ff.).

Für das Jahr 1450 gibt Scherr Preise aus Bayreuth an: das Maß Korn 20 Pfennige, Gerste 18, Hafer 13 Pfennige; 1 Pfund Rindfleisch 3 bis 5 Pfennige, Schweinefleisch 5 Pfennige, Kalbfleisch 2 Pfennige, 1 Pfund Schmalz 6 Pfennige, das Lot (17 Gramm) Safran 32 Pfennige; 4 Schweine kaufte man um 6 Pfund und 20 Pfennige, einen Ochsen um 12 Pfund.

Zu Schweinfurt galt eine Gans um 1488 noch 8 Pfennige, 3 Pfund Pfeffer 1 Gulden – der Gulden hatte 18 Groschen –; 1 Butte Äpfel kostete 1 Pfund und 4 Pfennige, 1 Maß Branntwein 5 Pfennige (s. a. a. O., S. 247).

Um den realen Wert des Geldes, seine Kaufkraft, zu veranschaulichen, berichtet Ernst Hering in seinem Werk »Die Deutsche Hanse«, wie 2 Rheinschiffer, Dietrich von Andernach und Hanckin von Breisich, mit 18 Schiffsleuten und 40 Gesellen den König von England mit seinem vornehmen Gefolge, dazu vier rheinische Ritter und eine 66 Mann starke Leibwache, also mindestens 100 Personen, für 20 englische Pfund von Bonn bis Koblenz rheinaufwärts beförderten (s. a. a. O., S. 90). Da es sich beim englischen Pfund sehr wahrscheinlich um das Troypfund von 12 Unzen = 372 g gehandelt haben wird, entsprach dieses Pfund etwa einem Betrag von 510 Hellern, den Heller als kleinste Silbermünze mit 0,7 g gerechnet. Größere Zahlungen wurden übrigens in der Regel gewogen, und das Troypfund war das Pfund für Edelmetalle und Medikamente. Die im vorstehenden Fall genannten 20 Pfund würden demgemäß mehr als 10 000 Heller dargestellt haben, wofür die Schiffer also 10 000 Eier hätten kaufen können, wenn wir den sogar zu späterer Zeit noch gültigen Eierpreis zugrunde legen wollten. Man kann leicht ausrechnen, daß das für heutige Begriffe ein ansehnlicher Verdienst gewesen sein muß. Dennoch lag aber dieser Verdienst für die damaligen Verhältnisse noch unter dem Durchschnitt.

Auch Hering stimmt mit den Feststellungen anderer Geschichtsforscher darin überein, daß man, um ein rechtes Verständnis für die

Größe der in solchen Aufzeichnungen genannten Beträge zu bekommen, die Summen mit 20 multiplizieren müsse (s. a. a. O., S. 90).

Nun ist in diesen Preisen, Arbeits- und Lohnverhältnissen zwar die Grundlage der gesamtwirtschaftlichen Situation einigermaßen aufgezeigt; was aber aus den gegebenen Verhältnissen für den wagemutigen Kaufmann und Unternehmer herausgeholt werden konnte, übersteigt denn doch unsere Begriffe von erfolgreichem Wirtschaften sehr beträchtlich. Andererseits allerdings lernen wir den Aufwand und die Großzügigkeit dieser Patrizier begreifen, wenn wir sehen, über welche Mittel sie verfügen konnten.

Ein Konsortium von 13 westdeutschen Kaufleuten war anno 1340 in der Lage, dem englischen König Eduard III. eine Anleihe von 18100 Pfund zur Verfügung zu stellen und von Brüssel aus sofort weitere 6300 Pfund zu gewähren. Dafür erhielten die hansischen Kaufleute Ausfuhrlizenzen für 3386 Sack Wolle und das Recht auf Erhebung eines Wollzolles in 15 Häfen bis zum 27. Mai 1341. Kurze Zeit darauf borgten sie ihm weitere 6500 Pfund und lösten ihm die an den Erzbischof von Trier verpfändete Königskrone mit mehr als 8000 Pfund und zwei kleinere Kronen von Kölner Geldgebern mit etwa 800 Pfund ein (s. E. Hering: »Die Deutsche Hanse«, S. 89).

Tidemann von Limburg gewährte dem König jahrelang Kredite und erhielt dann anno 1347 einen Vertrag, der ihm die Ausbeutung der Zinnbergwerke des ganzen Herzogtums Cornwall für die Dauer von dreieinviertel Jahren verpfändete. Und beim gleichen Verfasser lesen wir noch: »Wir begreifen die finanzielle Stärke der deutschen Kaufherren vom Stalhof in London erst recht, wenn wir hören, daß die hohen Soldsummen, die Eduard III. an die deutschen Fürsten zahlte, durchweg auf hansische Wechsel gezogen waren. Das Rechnungsbuch vom Jahre 1341 enthält eine stattliche Liste über ausgezahlte Gelder: an den Kaiser 8227 Pfund, an den Markgrafen von Jülich 8962 Pfund, an den Grafen Reinald von Geldern 4612 Pfund, an Herrn Dietrich von Falkenberg 3864 Pfund, an den Grafen von Hennegau 3150 Pfund, an den Herzog von Brabant 600, an den Erzbischof von Trier 506 Pfund und an andere noch viele, aber meist geringere Summen« (s. a. a. O., S. 89/90).

Erinnern wir uns noch einmal daran, daß diese Summen mit 20 multipliziert werden müßten, wenn es darum ginge, unter heutigen Verhältnissen gleichwertige Beträge aufzubringen.

Fritz Rörig schreibt in seinem Werk »Vom Wesen und Werden der Hanse« über die Entwicklung des Reichtums in Lübeck zu diesem gleichen Thema: »Die Nachfahren jener Männer, die sich erfolgreich am Gründungsvorgang der Stadt beteiligt hatten, erfuhren sehr bald, daß das Vermögen, womit sie ein Rentnerleben führen zu können glaubten, eine Bagatelle war gegenüber dem, was die Männer des neuen kaufmännischen Stils an Reichtümern ansammelten; ihnen allen voran Bertram Mornewech ... mit seinem 1286 erfolgten Tode flossen große Beträge aus seinem Geschäfsbetrieb zurück und fanden Anlage auf dem sich eben damals in größerem Umfang bildenden Lübecker Rentenmarkt.« Nach den weiteren Feststellungen Rörigs beeinflußten diese Kapitalien den Rentenmarkt so stark, daß der Zinsfuß von 10 auf 6,5 Prozent herunterging. Die Witwe Mornewech habe von 1286 bis 1301 rund 14 500 Lübecker Mark, auf deutsche Vorkriegswerte umgerechnet 1 500 000 Goldmark, angelegt. – Und dies in einer Stadt, die erst 150 Jahre zuvor gegründet worden war (s. a. a. O., S. 102/103).

So sehen wir also, daß die erstaunlichen Leistungen, die dieses Zeitalter vollbracht hat, viel weniger aus den Quellen unverdrossener Sparsamkeit und Genügsamkeit – wie man heutzutage anzunehmen geneigt wäre – als vielmehr aus der Beständigkeit einer unerhörten Wirtschaftsblüte hervorgegangen waren.

ESSEN UND TRINKEN

Dem allgemeinen Wohlstand und dem Reichtum der Gewerbetreibenden und Kaufleute entsprach eine Lebenshaltung, die
nach unseren heutigen Begriffen unglaubwürdig wäre, wenn nicht
auch dafür ausreichende Zeugnisse aus allen Gegenden vorliegen
würden.

Johannes Butzbach berichtet in seinem »Wanderbüchlein aus Böhmen«: »Das gewöhnliche Volk hat selten bei der Mittags- oder Abend-
mahlzeit weniger als 4 Gerichte, zur Sommerszeit überdies noch mor-
gens als Frühstück Klöße mit in Butter gebackenen Eiern und Käse;
obendrein nehmen sie außer dem Mittagsmahl noch des Nach-
mittags als Vesperbrot sowie zum Nachtessen Käse, Brot und Milch«
(s. A. Damaschke: »Geschichte der Nationalökonomie«, S. 47).

Johannes Scherr schildert die Lebenshaltung der höfisch-ritterlichen Gesellschaft, die ja im wesentlichen die Schicht der Lehens-
träger und Territorialherren darstellte und die in ihrer Lebenshaltung
etwa dem Standard des reichen Bürgers gemäß verfuhr. »An gewöhnlichen Tagen«, so schreibt Scherr (s. S. 115) »waren die Speisen
sehr einfach zubereitet und bestanden zumeist aus gesalzenem und
geräuchertem Fleisch, Hülsenfrüchten und Kohl; bei festlichen
Anlässen dagegen ... bogen sich die Tafeln unter stark gewürzten
Leckerbissen und vielartig gemengten Brühen, unter künstlich ge-
formtem Backwerk und allerhand Eingemachtem. Der Tisch war
während der Mahlzeit mit einem weit über die Ränder herabhän-
genden Tuch bedeckt; mitten auf der Tafel lagen um das Salzfaß
herum Brote in verschiedenen Laibformen. Bevor man sich zum Essen niedersetzte und wiederholt während des Essens wurde Hand-
wasser samt Handtüchern herumgereicht.«

Bei Gustav Freytag lesen wir, daß die Kochkunst jener Zeit am besten in den Städten gediehen sei. Die hansischen Kauffahrer hatten
zu den heimischen Gerichten noch mancherlei fremdartige eingeführt: »Reis in griechischer Weise, französischer Blancmanger, orien-
talisches Konfekt in Rosenöl parfümiert. Aber ... die Vorliebe für

starkes Gewürz war übergroß, außer den heimischen Küchenkräutern und dem milden Safran wurden die indischen Baumgewürze in unglaublichen Mengen verbraucht« (s. a. a. O., S. 533).

»Die geistigen Getränke, die man genoß, waren Wein, Bier, Met, Apfel- und Birnenmost sowie Branntwein«, berichtet wiederum Johannes Scherr. »Der Weinbau erstreckte sich über weitere Landstrecken als heute. Beliebt waren die Landweine vom Maintal, von Mosel und Neckar sowie rheinische und Elsässer Weine. In der vornehmen Gesellschaft trank man allerdings auch gerne französische und italienische Weine; griechische Weine, Malvasier, Muskateller, Romanije gehörten zum Besten ... Man trank diese Weine jedoch nicht rein, sondern in der Regel mit allerlei Kräutern und Gewürzen gemischt. Fremder Würzwein, kunstvoll aus französischem Rotwein verfertigt, wurde als ›Clarett‹ und ›Hyppokrates‹ eingeführt; über Maulbeeren abgezogener Wein hieß ›Moraß‹; außerdem wurden viele andere Arten aromatischer Getränke verfertigt, auch mit gekochtem Wein, zum Teil nach Rezepten, die aus dem römischen Altertum stammten. Sie waren besonders von Frauen begehrt, mehr als heute die Liköre« (s. a. a. O., S. 534).

Im Westen und Norden wurde besonders gerne Met getrunken. Im Jahre 1385 hat die Stadt Aachen allein 29 Ohm (1 Ohm = 134,4 Liter) als Präsent, das sie jährlich leistete, an Kurfürsten, Bischöfe und einige andere Vornehme gegeben (s. G. Freytag, a. a. O., S. 533/534).

Was das Bier anbetrifft, so gehörte das Brauen ursprünglich zu den Haushaltsaufgaben; jeder Haushalt bereitete sich sein Bier selber. Im 13. Jahrhundert war aber das Bierbrauen schon ein selbständiges Gewerbe. Bremen, Lübeck, Hamburg befaßten sich zum Ende des 13. und Anfang des 14. Jahrhunderts mit einem beachtlichen Bierexport. König Haakon V. war im Jahre 1316 bereits sehr ungehalten darüber, daß die Schiffe der Deutschen Bier und entbehrliche Kramwaren nach Norwegen brachten, während er mehr Mehl und Malz oder anderes »schweres Gut« für sein Land haben wollte.

Vom heiteren Leben herzhafter Geselligkeit nach vollbrachter Arbeit finden wir auch bei Ernst Hering in seiner Schilderung der Schonenfahrt ein lebendiges Bild:

Einen festlichen Abschluß der mühseligen Arbeit während der Fangzeit bildete als größere Veranstaltung die »Herbstschänke«, für die in großen Mengen Hamburger oder Einbecker Bier besorgt wurde. Der Trinkfreudigkeit entsprachen auch die Magenstärkungen, Brot, Hering, Schinken, Pökelfleisch, Würste und geräucherte Zunge. Die »Fastel-Abende«, die später sogar stolz »Gastmahl« genannt wurden, waren gleichfalls eine alljährlich wiederkehrende Festlichkeit. Da ermahnten die Ältesten die Musiker, den Bäcker, den Koch und die Heringspacker. Die Musiker sollten sich lustig zeigen, die Bäcker gutes Brot, der Koch gute Speisen bereiten. Die Heringspacker – als besondere Vertrauenspersonen – aber hatten sorgfältig aufzupassen, daß kein Silbergeschirr gestohlen oder sonstwas verwahrlost wurde.

Daß solche Üppigkeit des Lebens nicht etwa nur vereinzelt irgendwo festzustellen war, an einem Platz, der zufällig guten Erwerb bot, kann leicht nachgeprüft werden, wenn wir uns in anderen Gegenden umsehen. In Zürich wurde z. B. beim Frühlingsfest zum Sechseläuten auf den Trinkstuben der Zünfte für jeden Mann nicht weniger als 16 Maß Wein angesetzt (s. J. Scherr: »Deutsche Kultur- und Sittengeschichte«, S. 231).

Die »Landshuter Fürstenhochzeit« – eine heute noch in der ehemaligen Residenz der bayerischen Herzöge zur Erinnerung stattfindende Festlichkeit – geht auf die Hochzeit Georgs des Reichen mit der polnischen Königstochter Jadwiga zurück, die im Jahre 1475 mit unvorstellbarem Aufwand an Tafelfreuden begangen wurde. Da wurden 10 000 Gäste freigehalten, und die Chronik berichtet von 333 Ochsen, 300 Schweinen, 1100 Hammeln, 3000 Kälbern und Lämmern und 75 000 Hühnern und Gänsen, die da gebraten und gesotten wurden. Dazu wurden 194 000 Eier und 220 Zentner Schmalz verbraucht; an Gewürzen waren 3 Zentner und 75 Pfund Pfeffer und 9 Zentner andere Gewürze nötig. Demgegenüber war der Zuckerverbrauch von 5 Zentnern sehr mäßig, wohingegen allerdings 140 Zentner Rosinen einen Ausgleich an Süßigkeiten darstellten. Getrunken wurden 6 Fuder Süßwein – 1 Fuder faßt 960 Liter – und 60 Fuder sonstige deutsche Weine. Fische wurden für 4100 Gulden aufgetafelt; der Florentiner Gulden hatte einen Wert von 208 Pfennigen, in Kaufkraft ausgedrückt, bekam man für 1 Gulden damals 6 Schafe. Konfekt wurde für 500 Gulden vernascht, was im vorgenannten Gegenwert eine stattliche Hammelherde repräsentierte.

Im übrigen waren die Preise um die Mitte des 15. Jahrhunderts nicht viel anders als 300 Jahre zuvor. Anno 1150 bekam man für 20 Schilling (= 240 Pfennige) 6 Schafe; um 1400 kosteten 6 Schafe 1 Gulden. Das ist kein großer Unterschied. Ein Eimer Frankenwein kostete anno 1250 55 bis 75 Pfennige; ein Eimer hatte 64 Liter Inhalt. Um 1463 war der Wein so billig, daß man, um einen Heller zu vertrinken, zweimal ins Wirtshaus gehen mußte! (s. Menzner-Flocken: »Kaufkraft und Zeitgeschehen«). Man könnte nicht sagen, daß das ein kümmerliches Leben gewesen sein muß.

GESELLIGKEIT UND KLEIDERLUXUS

Begreiflich ist, daß Hochzeiten von jeher mit einem besonderen Aufwand gefeiert wurden. Das wird ja auch heute noch so gehalten, wo immer es möglich ist. Dennoch übersteigt der Aufwand, den sich die damalige Zeit bei solchen Anlässen leistete, unsere Fassungskraft, und wir würden die Berichte stark bezweifeln, wenn sich nicht aus den verschiedensten Gegenden das gleiche Bild ergeben würde. Bauernhochzeiten, die eine Woche dauerten, an denen das ganze Dorf teilnahm, bei denen es nicht selten so hoch herging, daß das Völkchen sich in die Haare geriet, wonach es noch blutige Köpfe gab, sind gar nicht selten. In feinerer Art wurde in den Städten mit festlichen Gelagen gefeiert, zu denen in Anbetracht der großen Zahl der Gäste oftmals das Tafelsilber von den Rats- und Zunftgenossen zusammengeliehen wurde. Von Augsburg ist vom Ausgang dieser lebensfrohen Zeit überliefert, wie der Bäckermeister Veit Gundlinger anno 1493 die Hochzeit seiner Tochter ausrichtete. Da wurde an nicht weniger als sechzig Tischen gespeist; an jedem Tisch saßen zwölf Gäste, Männer, Junggesellen, Frauen und Jungfrauen, zusammen 720 Hochzeitsgäste. Die Feier dauerte 8 Tage. Es wurde so gegessen, getrunken, getanzt, geneckt und gebuhlt, daß am siebenten Tag viele wie tot hinfielen (s. J. Scherr, a. a. O., S. 293).

Auch in anderer Hinsicht zeigte sich, daß man im Wohlleben, im Essen und Trinken, wie überhaupt in jeglichem Genuß des Daseins vor lauter Übermut das rechte Maß allmählich zu verlieren begann. Nicht genug, daß der Feierabend, der Sonntag und die vielen Feiertage zur Erholung, Entspannung und zum Genuß des Daseins da waren, man veranstaltete auch besonders gern Schützenfeste, Jahrmärkte mit allerlei Unterhaltungen und dergleichen. Natürlich wurden kirchliche Veranstaltungen immer auch zugleich Anlaß, mancherlei Volksbelustigungen, Pferderennen, Turniere und ähnliches auszurichten, da bei solchen Gelegenheiten viel Fremde zusammenkamen.

Die Kirche selbst war es, die dem Bedürfnis nach Schauveranstaltungen entgegenkam und die sogenannten »Mysterienspiele«

pflegte, aus denen sich auch die weltliche Schauspielkunst entwikkelte. Die berühmten Gmünder Passionsspiele, im Freien an der Nordseite der gotischen Kathedrale jeweils in der Karwoche aufgeführt, haben sich bis in den Beginn des 19. Jahrhunderts erhalten und bildeten noch ein Jugenderlebnis von Friedrich Schiller.

Anläßlich des Konzils von Konstanz, das, wie schon angeführt, 4 Jahre dauerte und eine Art Europäischen Kongresses zur Ordnung kirchlicher und weltlicher Dinge darstellte, wurden von dem mit der Aufzeichnung der Gäste betrauten Bürger Ulrich Richtental 5 Patriarchen, 33 Kardinäle, 47 Erzbischöfe, 145 Bischöfe, 93 Weihbischöfe, über 500 geistliche Fürsten, 39 Herzöge, 32 gefürstete Herren, 141 Grafen, 71 Freiherren, 1500 Ritter, 20000 Edelknappen und 2000 Gelehrte von 37 Universitäten gezählt. Es sollen zeitweise über 70000 Fremde in Konstanz gewesen sein. Daß bei solchen Gelegenheiten riesenhafte Umsätze in Brot und Wein, Fleisch und Fisch und allem, was die Welt bieten konnte, zustande kamen, versteht sich von selbst.

Die patrizischen Kreise der Bürgerschaft veranstalteten auch häufig Turniere, zu denen der umwohnende Adel sich einfand und die gewöhnlich mit einem prunkhaften Ball, dem Geschlechtertanz, endigten. An solchen Veranstaltungen, zu denen Zinken und Schalmeien, Querpfeifen und Trommeln, Dudelsäcke und Posaunen aufspielten, haben auch Kaiser und Könige teilgenommen. Ein besonders lebensfroher Herr scheint Kaiser Sigismund gewesen zu sein; bei seinem Besuch in Straßburg tanzte er im Reigen der Frauen noch nachts durch die Straßen.

Bei den Turnieren waren oft wertvolle Preise ausgesetzt; aber das Spiel mit den Waffen steigerte sich mitunter zu erbitterter Heftigkeit. So wird von einem Turnier zu Neuß bei Köln berichtet, das im Jahre 1241 vor einer großen Menschenmenge stattfand und bei dem 60 Ritter tot auf dem Platz blieben – Symptome wilder Maßlosigkeit des überschäumenden Lebens.

Einen freundlicheren Ausgang nahm ein Turnier, welches die Patrizier von Magdeburg anno 1229 veranstalteten; der »Turnierdank« war nämlich ein schönes Mädchen, das einem Kaufherrn aus Goslar zugefallen war und von ihm, der sich nobel zeigte, zu einer ehrbaren Hochzeit ausgestattet wurde.

In einer Zeit, in der man im Essen und Trinken, in Lustbarkeit und Unterhaltung trotz aller Frömmigkeit kaum eine Hemmung kannte – zumal der allgemeine Wohlstand alles erlaubte –, war natürlich auch die Kleidung diesen Verhältnissen angepaßt. Männer und Frauen waren gleicherweise bestrebt, in farbenprächtigen und kostbaren Stoffen, daran es eine reiche Auswahl gab, zu erscheinen. Der hansische Handel hatte namentlich im 12. und 13. Jahrhundert viel Fremdartiges aus Italien, aus Byzanz, dem Orient und aus Spanien nach der Heimat gebracht. Die Kleidungsstoffe waren Leinewand, deren feinste, sehr hochgeschätzte Sorte Saben aus byzantinischen Webstätten kam; ferner Wollenzeuge, Barragan, Buckeram, Brunat, Diasper, Fritschal, Kamelott, Serge, Scharlach, Sei sowie Seidenstoffe von mancherlei Art und Farbe, die oft mit Gold- und Silberfäden durchwoben waren, und endlich Pelze verschiedener Gattungen, Hermelin, Marder, Biber, Zobel usw. Hinzu kamen noch Metallstoffe und köstliches Steinwerk, zu Geschmeide wie zu Waffenzierat verarbeitet (s. J. Scherr: »Deutsche Kultur- und Sittengeschichte«, S. 117 ff.).

Beide Geschlechter liebten das Farbenspiel, an einem und demselben Kleidungsstück den einen Ärmel grün, den anderen blau, ein Bein gelb, das andere rot; alles das jedoch nicht nach Willkür, sondern mit symbolischer Bedeutung abgestimmt.

Die Mode war allezeit ein bevorzugtes Mittel, durch welches der Mensch sein Geltungsbedürfnis gegenüber der Mitwelt offenbarte. So haben auch die Frauen beispielsweise um das Jahr 1220 zum Kirchgang eine lange Schleppe hinter sich hergezogen, und der vorgenannte Verfasser schreibt hierzu:

»… sie machten sich wenig daraus, daß die Priester gegen diesen Pfauenschweif eiferten und behaupteten, dies sei der Tanzplatz der Teufelchen und Gott würde, falls die Frauen solcher Schweife bedurft hätten, sie wohl mit etwas Derartigem versehen haben« – womit der Mutterwitz der Kleriker durchaus einleuchtend argumentiert haben dürfte; aber was nutzen schon solche Argumente gegen die Eitelkeit der Frauen und gegen den Spaß, den der Aufwand machte?

Die Obrigkeit hat sich in diesen Zeiten öfters bemüht, »Kleiderordnungen« festzulegen, um den unerhörten Luxus, den sich die Menschen doch offensichtlich leisten konnten, einigermaßen einzudämmen. Dabei ging es, was immerhin für die wirtschaftliche Lage der niedrigen Volksschichten bezeichnend sein dürfte, darum, gerade diesen Volksschichten das Tragen besonders kostbarer Stoffe, wie Samt, Seide und Brokate oder kostbares Pelzwerk, zu untersagen. Man hätte sonst die Stände nicht mehr voneinander unterscheiden können! Bezeichnend für die allgemeine Farbenfreudigkeit und für den Luxus jener Zeit dürfte auch die Tatsache sein, daß Bischof Johann von Straßburg anno 1317 sogar dem Klerus seines Bistums bei Strafe des Kirchenbannes untersagen mußte, grüne, gelbe und rote Schuhe zu tragen!

Von der Ausgelassenheit der Modetorheiten, an die man sein Geld verschwendete – und doch immer wieder genug hatte, um auch noch andere Dinge zu finanzieren –, zeugten auch die bizarren Formen der Schnabelschuhe, die Besetzung von Schuhen und Wams mit Glöckchen, die Kappen der Männer, von denen verschiedenartige Zipfel über den Rücken herab bis zur Erde flossen, an den Spitzen noch mit einem Glöckchen besetzt. Ganze Zünfte, Kappenmacher, Schellenmacher und dergleichen waren für die tollen Modelaunen der Zeit beschäftigt – und doch gab es keinen Mangel an nützlichen und notwendigen Dingen, keinen Hunger, keine unabwendbare wirtschaftliche Not und kein kleinliches Einsparen an jenen Aufwendungen, die zum Wohle des Gemeinwesens wie auch zum Bau der Kathedrale erforderlich waren. Braucht es mehr, um zu begreifen, daß die Leistungen dieser Zeit aus einem echten Überfluß gekommen sein müssen?

LEBENSFREUDE UND SITTLICHKEIT

Das Bild wäre unvollständig, wenn wir nicht noch danach fragen wollten, wie der Mensch eines Zeitalters, in welchem doch das Christentum seine höchste Blüte erreicht hat, sein Verhältnis zum Leib und zur Leibespflege und sein Verhältnis dem anderen Geschlecht gegenüber regelte. Auch dieser Rückblick in das vermeintlich »finstere Mittelalter« ist außerordentlich aufschlußreich.

In seiner »Sozialgeschichte der mittelalterlichen Kunst« stellt Arnold Hauser fest, daß es kaum noch eine Epoche der abendländischen Geschichte geben dürfte, in deren Literatur so viel von körperlicher Schönheit und Nacktheit, von An- und Ausziehen, von Baden und Waschen der Helden durch junge Mädchen und Frauen die Rede wäre wie in der ritterlichen Dichtung des sittenstrengen Mittelalters. Aber nicht nur in der höfischen Dichtung, in den Liedern der Minnesänger, wird dem Leib und den Sinnen in unmißverständlichem Widerspruch zu jeglichem asketisch-klösterlichen Denken ein erstaunlich hoher Tribut gezollt; auch in der Wirklichkeit des Lebens herrscht eine weitaus unbefangenere Einstellung des Menschen zum Leib und zu seinen Sinnen und Bedürfnissen vor als in späteren Zeiten, die mit Kriegen und Krisen, mit Seuchen und materieller Not die Lebensfreude drosselten.

Die Epoche des hohen Mittelalters war eine Zeit gesteigerten Lebensgefühls; und das hatte seinen Grund nicht zuletzt darin, daß die Lebenshaltung des Menschen bei aller Berücksichtigung der ständischen Gliederung doch in Einklang stand mit der Höhe der Kultur. Das mußte auch das Verhältnis des Menschen zum Leib und seinen Bedürfnissen berühren. Daß in einer Zeit der Lebensfülle, wie sie diese Jahrhunderte boten, auch Amor und Eros zu ihrem Recht kommen mußten, ist nur natürlich. Die christliche Kirche hat sich wohl der Ehe angenommen, aber den allgemeinen Auffassungen von Sitte und Moral waren doch vielerlei Dinge nicht so völlig unvereinbar mit dem Christentum, wie es spätere Zeiten annahmen. Jedenfalls war es nicht der Inhalt der Sittlichkeit, jegliche Regung von Lebenslust und die unbefangene Freude an der Schönheit des Leibes zu unterdrücken – wenn auch tatsächliche sittliche Vergehen außerordentlich hart geahndet wurden; auf Notzucht stand der Tod durch Pfählen.

Adolf Damaschke hatte sicher nicht unrecht, als er schrieb: »Bezeichnend für die Höhe der Lebenshaltung aller Schichten war die Ausdehnung des Badewesens.« In der mittelalterlichen Stadt gehörten die Badestuben zu den selbstverständlichsten öffentlichen Einrichtungen. Die Bader waren eine Zunft; da sie auch das Rasieren besorgten, ist die Bezeichnung »Bader« für den Barbier bis auf den heutigen Tag haften geblieben. Die Erlaubnis zur Errichtung einer Badestube wurde vom Rat einer mittelalterlichen Stadt nach ähnlichen Gesichtspunkten wie die Erlaubnis zur Errichtung einer Schenke erteilt. Im 14. Jahrhundert hatte Basel 15 öffentliche Badestuben, Nürnberg hatte deren 12, Ulm nur 10, Stuttgart 7, Würzburg 7, und Wien hatte gar 29! – Selbst Dörfer hatten schon ihre eigenen Badestuben. In den Städten richteten sich die Patrizier und vermögenden Bürger natürlich in den eigenen Wohnhäusern ihre Badestuben ein – ebenso die Adligen auf ihren Schlössern und Burgen. Die Reinlichkeit und Gesundheit des Leibes war dem Menschen des gotischen Zeitalters wichtig. Das ist später bekanntlich wieder ein wenig anders geworden. In der Geschichtsepoche des Rokoko sollen die Vornehmen nach zeitgenössischen Berichten in des Wortes wahrster Bedeutung nicht im besten Geruch gestanden haben; Haut und Haare kamen damals weniger mit Wasser als vielmehr mit Pomaden, Puder und Schminken in Berührung – Schicht auf Schicht, was in Verbindung mit den von solchen Auflagen absorbierten Ausdünstungen des Körpers keine sonderlich angenehmen Gerüche ergeben haben dürfte. – Aber das war vier Jahrhunderte später als unser Badeleben im Mittelalter; und dieser unhygienische Brauch war schließlich auch nur der letzte Ausdruck des bis zur Dekadenz verfeinerten Lebensstils des französischen Adels vor der großen Revolution.

Aber immerhin: noch ein weiteres Jahrhundert später war selbst im kaiserlichen Palais Unter den Linden in Berlin, in der Residenz

Wilhelms I., noch keine Badestube eingerichtet, so daß der Kaiser allwöchentlich einen Holzzuber aus dem auf der anderen Straßenseite gelegenen »Hotel de Roma« leihweise holen ließ.

In der mittelalterlichen Stadt dagegen gab es selbst für die Armen, d.h. für die Handwerksburschen, die fahrenden Gesellen und ähnliches Volk, noch »Freibäder«, sogenannte »Seelenbäder«, die aus Stiftungen für die Armen und zur allgemeinen Wohlfahrt errichtet waren, von den Stiftern im Sinne der mittelalterlichen Denkweise als gottgefälliges Werk für ihr Seelenheil finanziert (s. A. Damaschke: »Geschichte der Nationalökonomie«, S. 50/51).

In den öffentlichen Badestuben konnten beide Geschlechter in ungezwungener Gesellschaft gemeinsam baden. Aus zahlreichen in Wort und Bild überlieferten Berichten wissen wir, daß dieses Baden einen sehr breiten Raum im Lebensstil dieser Zeit einnahm, vielleicht schon mehr so etwas wie eine gesellschaftliche Veranstaltung war. Männlein und Weiblein badeten gemeinsam und völlig nackt im gleichen Zuber, wobei die weibliche Eitelkeit allerdings noch um die gute Frisur und um die richtige Geltung des oft genug noch extra angelegten Schmuckes besorgt war. In der Regel nahm man während des Badens auch noch Speisen und Getränke zu sich. Auch in den Dampfbädern trafen sich die Geschlechter in völliger Nacktheit, und bis in das 14. Jahrhundert hinein fand man daran nichts auszusetzen. Wo eine Trennung der Geschlechter in den Bädern vorgesehen war, bestand sie meistens nur aus einer niederen Barriere, die das Badebecken in zwei Hälften teilte.

Wie bereits erwähnt, hatten die Patrizier und begüterten Bürger ihre eigenen Badestuben im Haus. Ein berühmtes Beispiel ist der luxuriös ausgestattete Badesaal im Fuggerpalast zu Augsburg – die Fugger gehörten allerdings zu den Geschlechtern, die erst mit der Zeitenwende zur Renaissance zu ihrem beispiellosen Reichtum kamen. Im frühen Mittelalter haben selbst Fürsten noch die öffentlichen Badestuben aufgesucht. Erst mit dem zunehmenden Reichtum einer kaufmännisch tätigen Oberschicht kamen vom 15. zum 16. Jahrhundert mehr Hausbadestuben in den Städten auf. In Ulm sollen um 1489 neben den öffentlichen Bädern bereits 168 Hausbadestuben bestanden haben (s. E. Fuchs: »Illustrierte Sittengeschichte«, S. 456).

Auch die Hausbadestube diente keineswegs nur der Familie; ebenso wie in den öffentlichen Bädern konnte man hier sozusagen menschliche Begegnungen arrangieren; man empfing Gäste, Freunde des Hauses, die man zum Bade einlud und dabei mit Essen und Trinken, Spiel und Scherz unterhielt. Die Sitte, Gäste im Bade zu empfangen, ihnen ein Bad zu bereiten und sie zu bedienen, ist übrigens in anderen Kulturen und Völkern – heute z. B. noch in Japan – auch anzutreffen, und es besteht gerade in diesem Fall nicht die geringste Veranlassung, solche Sitten als »unmoralisch« zu deklarieren.

Im Mittelalter war der Mensch in einem durchaus gesunden Sinne noch natürlich und unbefangen; und aus dieser Unbefangenheit heraus machte er auch kein Hehl aus seiner Freude am Dasein – zu der zu allen Zeiten die erotische Spannung hinzugehört. Sittlichkeit bestand nicht aus einer asketischen Unterdrückung dieses Lebenselements, sondern sie bestand offensichtlich mehr aus einem gesunden Maßhalten – eben aus der Einhaltung jenes Maßes, das die später auftretenden zerrüttenden Ausschweifungen, wie wir sie aus der Renaissance kennen, noch zu vermeiden wußte.

Besonders hoch scheint es in den Kur- und Heilbädern hergegangen zu sein, so daß man wohl mit Recht sagen kann, daß das Badeleben mit zu den Lebensgenüssen gehörte, die sich des größten Zuspruchs erfreuten. Auch hiervon gibt es mancherlei zeitgenössische Schilderungen. Ein Bericht des Italieners Poggio aus dem Jahre 1417, der den Ort Baden im Aargau (Schweiz) betrifft, meldet folgendes: »In der Morgenfrühe waren die Bäder am belebtesten. Wer nicht selbst badete, stattete seinen Bekannten Besuche ab. Von den Galerien herab konnte man mit ihnen sprechen und sie an schwimmenden Tischen essen und speisen sehen. Schöne Mädchen baten um ›Almosen‹, und warf man ihnen Münzen hinab, so breiteten sie die Gewänder aus, die Münzen aufzufangen und dabei ihre Reize zu enthüllen. Blumen schmückten die Oberfläche des Wassers, und oft hallten die Gewölbe wider vom Saitenspiel und Gesang. Mittags an der Tafel ging nach gestilltem Hunger der Becher so lange um, wie der

Magen den Wein vertrug oder bis die Pauken und Pfeifen zum Tanze riefen.«

Vielfach wurde auch der Ausklang von Hochzeitsfeiern mit einem gemeinsamen Hochzeitsbad beschlossen. Die Hochzeitsgäste begleiteten das Hochzeitspaar ins Badehaus, wobei allerdings dem Vernehmen nach immerhin schon obrigkeitliche Beschränkungen der Teilnehmerzahl respektiert werden mußten. Nach dem Stadtrecht von München waren dem glücklichen Paar je 6 Frauen beigeordnet – also auch der Bräutigam wurde mit Frauengesellschaft zum Bade begleitet –: »Zu der Fest und zu Pette und zu Bade soll man haben jedweder Teil nur sechs Frauen, das sind 12 Frauen.« In Regensburg dagegen hieß es: »… daß er und die Braut soll selb acht Frauen dargehen und mit keiner mehr!«

Die Menschen des gotischen Mittelalters waren sicherlich keine Heiligen. In den Städten gab es auch bereits öffentliche Frauenhäuser, die man zum Schutze der Ehe für notwendig ansah. Mancherorts war dafür sogar eine Zunftordnung eingeführt. Im übrigen aber galt es nicht von vornherein für schimpflich, daß sich Frauen einem solchen Leben widmeten. Die Verachtung der Frauenhäuser und der »gelüstigen Fräulein« kam erst auf, nachdem sich im 16. Jahrhundert eingeschleppte Geschlechtskrankheiten verbreitet hatten, die der Lebensfreude einen argen Schock gegeben haben.

Gewissermaßen als Ergänzungsstück zu dem freien Lebenswandel der genannten Frauen gab es aber im Mittelalter auch eigene Orden. Der in Paris zum Anfang des 14. Jahrhunderts gegründete Orden der Büßerinnen nahm sogar nur Frauen auf, die tatsächlich ein sündiges Leben geführt haben mußten! – Und damit die Anwärterinnen die Besserung nicht allzu lange hinausschieben konnten, wurde die Altersgrenze für die Aufnahme auf 30 Jahre festgesetzt (s. E. Fuchs: »Illustrierte Sittengeschichte«, S. 430 ff.). Auch darin zeigt sich – wenn man nicht sittenstreng moralisieren, sondern die Menschlichkeit in den Dingen zur Kenntnis nehmen will –, daß man bei aller Unterscheidung zwischen ehrbarem und liederlichem Lebenswandel doch keine Seele zu einem verlorenen Glied der großen Gemeinschaft der christlichen Welt werden lassen wollte.

Im großen ganzen scheinen Moral und Sittlichkeit dieses Zeitalters gewiß bedeutend weniger vom Firnis der Prüderie überkrustet gewesen zu sein als beispielsweise das 19. Jahrhundert. Das zeigte sich überall, in Kunst und Dichtung, in Mysterienspielen und Gesängen. Für die Ausdrucksweise unserer Zeit mag ein sittlich so hochstehendes Werk wie Wolfram von Eschenbachs »Parzival« Stellen enthalten, mit denen sich der Autor den Unmut der Staatsanwälte zuziehen könnte, wenn er heute so dichten würde. Das dürfte aber kaum einen Maßstab für die Beurteilung der mittelalterlichen Sittlichkeit abgeben. Jedes Zeitalter muß aus der Gesamtheit seiner Erscheinungen heraus verstanden werden. Auch der höfisch-ritterliche Minnedienst – wie er sich in den Liedern der Minnesänger darstellt – war der Ausdruck einer Verfeinerung der Sitten im Umgang mit den Frauen. Aus dem Inhalt dieser Lieder auf eine Sittenverderbnis zu schließen wäre ein Mißverständnis. Gewiß ist es der immer wiederkehrende Inhalt der Minnelieder, die Vasallentreue und Ergebenheit der erkorenen Frau gegenüber zu beteuern; in der Regel war diese Frau – zumindest im Lied – die Gattin eines anderen, des Burgherrn, der vielleicht gerade gegen die Sarazenen kämpfte. Aber die Vorstellung, daß diese Lieder wirkliche Sitten und Gebräuche wiedergeben, dürfte dennoch irrig sein; in verständigeren Urteilen ist das Minnelied der höfisch-ritterlichen Zeit eine literarische Form, in der man den Frauen huldigte (s. A. Hauser: »Sozialgeschichte des Mittelalters«, S. 90 ff.).

Wie aber ehedem bei festlichen Anlässen auf den Burgen und Schlössern des Adels, bei Turnieren, bei Fürstenbesuch und ähnlichen Gelegenheiten die Frau ihre Rolle zu spielen hatte, so auch in den Städten – mitunter sogar in erstaunlich kühnen öffentlichen Auftritten. Noch zu Zeiten Albrecht Dürers (1471–1528) kam es in prunkhaften Aufzügen wie zu den Empfängen von Fürsten, bei denen große Volksmassen auf den Beinen waren, zum Auftritt völlig nackter Frauen, deren unverhüllte Schönheit als Huldigung vor dem hohen Besuch aufzufassen war. Von einem solchen Aufzug berichtet Albrecht Dürer seinem Freund Melanchthon, nachdem er 1520 in Antwerpen den Einzug Karls V., des mächtigen römisch-deutschen

Kaisers, miterlebt hatte, bei welchem Ereignis er sich, »weil er ein Maler sey«, recht nahe an die schönen Mädchen herangedrängt habe. Es wäre sicher auch hier einigermaßen abwegig, in solchen Vorgängen einfach ein Zeichen von Sittenlosigkeit zu erblicken, denn niemals hätte man es wagen dürfen, dem römischen Kaiser, der der treueste Diener seiner Kirche war – und zugleich der Herr über ein Weltreich, in dem die Sonne nicht unterging –, einen Anblick zu bieten, der sein sittliches Empfinden verletzt haben würde.

Dennoch vollzog sich mit dem Umbruch der Zeiten, mit dem Niedergang des gotischen Lebensgefühls und dem Heraufkommen der Renaissance, eine Wandlung des Denkens, die auch den Lebensstil der Menschen umformte. Renaissance war stärkere Diesseitigkeit, Lösung von Glaubensbindungen und von sittlichen Normen. Eine Lebensgier, wie sie vielleicht seit den Tagen Roms nie mehr aufgetreten war, ließ die Menschen bald jedes Maß vergessen. Auch das muß man ins Blickfeld fassen, wenn man den Eifer der Moralprediger und Sittenrichter gegen die Ausschweifungen ihrer Zeit verstehen will. Aber die verheerendsten Wirkungen auf die allgemeine Sittlichkeit gingen gerade davon aus, daß die zum vorbildlichen Leben Berufenen, die Kleriker und Kirchenfürsten, selber der Sittenlosigkeit verfallen waren; und zwar einer Sittenlosigkeit, die sich in ganz anderen Dingen äußerte als nur etwa in galanten Reverenzen vor der Schönheit im Leben und in der Kunst. Da der Geist indessen willig ist, das Fleisch aber schwach, wußte man die sittliche Entrüstung, der man Raum geben mußte, weil sie nun berechtigt war, immer wieder auf Nebensächliches abzulenken und das Wesentliche des moralischen Verfalls zu übersehen. Den herrlichen Schöpfungen Michelangelos, die er in der »Sixtinischen Kapelle« mit den Figuren des »Jüngsten Gerichts« geschaffen hatte, mußten Gewänder überpinselt werden; aber das Ärgernis, das die Herde genommen hatte, das hatte sie nicht an den grandiosen Schöpfungen der Kunst, sondern am wirklichen Leben ihrer Hirten genommen. Und nicht zuletzt war die Gier nach Geld und Macht, oft genug innig verfilzt mit der Zügellosigkeit ausschweifenden Lebensgenusses, von gleichem Gewicht wie die sittliche Zügellosigkeit an sich. Das Volk sah das eine, und es sah das andere.

Für die geschichtliche Bilanz indessen dürfen wir feststellen: Der Mensch der Gotik hat die bedeutendsten und zahlreichsten Kulturdenkmäler der abendländischen Welt erstellt; er hat innerhalb von drei Jahrhunderten unzählige Städte gebaut; er hat das Netz seines Handels bis an die Grenzen seiner Welt gespannt; er hat die für jede Weiterentwicklung unabdingbaren Gesetze einer sittlichen Lebensordnung gegen die Daseinsprinzipien des Raubmenschen, des ewigen Beutemachers, Wegelagerers und Seeräubers durchgesetzt. Und bei all dem hat er nicht einmal etwas geopfert und entbehrt, weil er stets aus dem Vollen schöpfen konnte. Seine Wirtschaft war gesund, seine Gesellschaft war gesund, wie ein Organismus gesund ist, in welchem die Zirkulation der Kräfte und Säfte den Lebensbedingungen des Ganzen entspricht.

BEGINNENDER NIEDERGANG

Die Welt des 15. Jahrhunderts war noch groß und weit, und der Wellenschlag der Veränderungen pflanzte sich in gemächlichem Zeitmaß fort. Doch im großen Abstand gesehen, können wir uns des Eindrucks nicht erwehren, daß es ein Abblühen von Kultur und Wirtschaft in der Richtung vom Westen zum Osten war, was in dieser Zeit vor sich ging. In der Tat ist nicht nur der Baustil der Gotik, sondern auch die Wirtschaftsblüte dieser Epoche im Westen früher abgestorben. Beides hat sich nach dem Nordosten zu um ein volles Jahrhundert länger behauptet.

Westlich des Rheins war aber auch die in Norddeutschland, in der Mark, in Polen und Böhmen, in Österreich, in der Schweiz und im Schwäbischen wie in Bayern geübte Brakteatenprägung nie zur Geltung gekommen. Man hielt sich hier streng an die Regel der »Renovatio monetarum«, daß die Erneuerung der Münzen nur beim Herrschaftswechsel und beim Antritt eines Kreuzzuges gestattet war: Damit entfiel im Westen zweifellos jener besondere Impuls, den die kurzfristige und regelmäßige Gelderneuerung in den Umlaufsgebieten der Brakteaten für die wirtschaftliche Betätigung bedeutet haben muß. In Frankreich mag aber der letzte Druck, den die Gelderneuerung während der Zeit der Kreuzzüge noch hinter die wirtschaftliche Regsamkeit setzte, lange Zeit ausreichend gewesen sei. Andererseits haben die Kreuzzüge nicht nur Blutopfer, sondern auch bares Geld gekostet, das in anhaltendem Strom nach Italien rollte. Und wenn es nun gewiß nicht immer so ist, daß das Geld in der Geschichte deutlich im Vordergrund steht, so wird man doch nicht übersehen dürfen, daß es auch an zweiter oder dritter Stelle in der Reihe der mitbestimmenden Dinge noch eine Rolle spielt.

Frankreich war zur Zeit seines Hundertjährigen Krieges, mit dem es den Anspruch Englands auf den französischen Königsthron abwehrte und den schließlich die Jungfrau von Orleans entschied, schon ein vollkommen verarmtes Land. Als die Engländer mit dem Sieg von Maupertuis den König von Frankreich, Johann II., gefangen hatten, forderten sie ein Lösegeld von drei Millionen Goldtaler; das war ein Betrag, den Frankreich erst im Laufe von vier Jahren aufbringen konnte. Da das Geld in Frankreich ungewöhnlich knapp geworden war, lag auch das Gewerbe darnieder, und in der Zerrüttung der allgemeinen Existenzbedingungen waren aus den Resten aufgelöster Söldnerheere raubende und plündernde Banden geworden. Auf Burgen und Schlössern saß ein durch die Roheiten des Kriegshandwerks demoralisierter Adel, der mit seinen verwilderten Söldnern Bürger und Bauern überfiel, Lösegelder erpreßte, das Vieh raubte, Kornfelder und Weinberge zerstörte und die Entvölkerung der Dörfer verschuldete. Lähmende Angst lastete auf dem Lande. Landbau und gewerbliche Tätigkeit stockten; in den Kirchen betete man um Befreiung von der Landplage, und Karl V. aus dem Hause Valois wußte sich keinen anderen Rat, als 1365 den wildesten Haufen von 40 000 Reitern über die Grenze nach dem Oberrhein zu entsenden, wobei es also erstmalig zum Einfall in die Rheinlande kam. Später schickte der König diese Truppen, um sie endgültig loszuwerden, über die Pyrenäen nach Spanien. Eine gleiche Geißel des Landes waren aber auch die Armagnaken, die verwilderten Söldner des Grafen Armagnac. Die ältesten Menschen konnten sich keiner Friedenszeit mehr erinnern. Das Land war entvölkert, und nach dem Tagebuch von Paris berichtete Jakob Burckhardt, daß die Wölfe bis in die Städte vordrangen und im September 1438 zwischen Montmartre und der Porte St-Antoine in Paris vierzehn Menschen von ihnen zerrissen wurden. Eines dieser Tiere war auf Grund einer Verstümmelung geradezu bekannt und wurde auch am meisten gefürchtet; als es endlich von seinem Schicksal ereilt wurde, lief halb Paris herbei, um die erschlagene Bestie zu sehen. Doch schrecklicher als die wilden Tiere waren die Menschen. In diese Zeit fallen auch die entsetzlichen Handlungen des Gille de Retz, eines bretonischen Adligen, der in finsterer, abergläubischer Verworrenheit, um von den Dämonen »Gold, Weisheit und Macht« zu erlangen, das Blut von 140 unschuldigen Kindern opferte. Aberglaube, Grausamkeit, verzweifeltes Machtstreben, Durst nach Gold, Verwilderung aller Sitten sind nun einmal die Begleiterscheinungen der allgemeinen Existenzgefährdung.

Die Entblößung des Landes von seinen Geldmitteln und die in engstem Zusammenhang damit stehende Zerstörung der gewerblichen Tätigkeit war unvorstellbar. Von Karl VII. ist bekannt, daß er zeitweise nicht satt zu essen hatte und daß die königliche Kasse einmal nur noch 4 Taler enthielt. Seine Gemahlin Maria von Anjou mußte, um eine kleine Summe geliehen zu bekommen, ihre Bibel verpfänden. Nach dem wunderbaren Sieg der Jeanne d'Arc ließ dann dieses seltsame Mädchen Karl VII. in Reims zum König krönen; aber die Geschichte berichtet, daß der Hof lange Zeit ärmlich und sparsam wirtschaften mußte und unsägliche Mühe nötig war, die Zerstörungen und Verwilderungen wieder zu beheben. Es ist außerordentlich aufschlußreich, daß eine königliche Ordonnanz aus dem Jahre 1439 den eigenen Truppen vorschreiben mußte: »Es soll nicht gestattet sein, zu plündern und zu bestehlen Geistliche, Adlige, Kaufleute, Bauern noch sonst irgend jemanden, weder in ihren Wohnungen noch auf der Landstraße. Auch soll niemand mehr mutwilliger Weise gefangen und zur Auslösung gezwungen werden. Man soll den Bauern ihre Rinder, Pferde und andere Haustiere nicht mehr wegtreiben, Kornfelder und Weinberge nicht mehr verheeren, kein Korn mehr ins Wasser schütten, kein junges Getreide zum Pferdefutter abmähen usw. Auch soll man nicht mehr den Bauern ihre Häuser, Scheunen, Heuschober und Weinkeltern anzünden, noch Hütten niederreißen, um sich an dem Holz zu wärmen« (s. J. Burckhardt: »Kulturgeschichtliche Vorträge«, S. 8). Armes Land, das solche Verordnungen brauchte!

Und doch blühte um dieselbe Zeit, da diese tiefsten Schatten über Frankreich lagen, in dem von dorther mit der gleichen Kultur befruchteten Deutschland noch ein machtvolles Leben. Hier war die Organisation der Kaufmannschaft, die deutsche Hanse, ohne die Hilfe von Kaiser und Reich stark genug, der gleichartigen Plage des Seeräuber-Unwesens und der Bedrohung durch den Dänenkönig Waldemar aus eigener – nicht zuletzt finanziell fundierter – Kraft Herr zu werden; hier war aber auch den Bedürfnissen des Daseins mit den Möglichkeiten von Arbeit und Leistungsaustausch noch in vollem Umfang entsprochen, so daß die allgemeine Entwicklung um diese Zeit noch in anderen Bahnen verlaufen konnte als in Frankreich.

DAS VERLORENE MASS

Es scheint einem unseligen Hang des Menschen zu entsprechen, die Vollkommenheit in der Steigerung zu suchen. Wenn es ihm gutgeht, will er es noch besser haben; wenn er reich ist, will er noch reicher werden; wenn er satt ist, will er im Überfluß schwelgen; wenn er helfende Brüder hat, will er Diener, und wenn er Diener hat, verlangt er Sklaven. Immer treibt ihn der Wahn, daß der Weg, der bis zur Höhe des Erreichten geführt hat, gradlinig weiterführe zu noch größeren Höhen und noch herrlicheren Zuständen.

In Wirklichkeit liegt aber das Bestmögliche, das, was der Natur des Menschen gemäß ist, nie an diesem oder jenem denkbaren Pol der Möglichkeiten, sondern es liegt in der goldenen Mitte, in wohlabgewogenem Abstand von den in beiden Richtungen zu denkenden Gegensätzen. So wie Kälte und Wärme zwei polare Kategorien sind, von denen unserer menschlichen Natur immer nur diejenige als Ideal erscheint, von der wir im gegebenen Augenblick weiter entfernt sind, die wir also entbehren und der wir uns nähern wollen, so sind in unserem ganzen Leben und auch in der sozialen Ordnung alle Dinge nur so lange oder bis zu der Grenze ideal und erstrebenswert, solange wir noch nicht das rechte Maß davon erreicht haben. Harmonie, betreffe sie nun ein Werk oder ein Wesen, betreffe sie die Gesundheit und das Wohlbefinden des Leibes oder die Gesundheit und Ordnung von Gesellschaft, Wirtschaft und Kultur, ist niemals eine Angelegenheit der Gipfelhöhe, sondern sie ist stets eine Angelegenheit des rechten Maßes.

Der Mensch, der in seinem Streben und Handeln das rechte Maß verloren hat, wird haltlos und gleitet ab; es ist gleichgültig, nach welcher Richtung. Ein Abgleiten ist es genausogut, wenn er zum vollendeten Roboter wird, wie es ein Abgleiten ist, dem Gegenpol des vollkommenen Müßigangs zuzutreiben. Jedes Ausschreiten von einem als unvollkommen empfundenen Zustand in Richtung zu seinem Gegenpol ist nur so lange gut und förderlich, bis wir im rechten Abstand zwischen den abstrakten Idealen stehen. Darüber hinaus schlägt jedes Plus wieder in ein Minus um, und das Ideal steht plötzlich in unserem Rücken. Es ist übrigens eine uralte Weisheit, daß »Zuviel des Guten von Übel« ist.

Daß die Welt des Mittelalters in der Hochblüte ihrer Kultur das Maßhalten verloren hat, daß die Auswüchse in den Sitten, im Essen, Trinken, Kleiden, selbst in der Religion und in kirchlichen Gebräuchen, in den Angelegenheiten von Macht und Recht im Laufe der Zeit Dissonanzen ergaben, läßt sich nicht leugnen. In summa summarum haben sich aber die Vorgänge und Erscheinungen aus dem zu Ende gehenden Mittelalter und der mit der Turbulenz der Religionswirren beginnenden Neuzeit in der landläufigen Betrachtungsweise – sehr zu Unrecht – als schlechthin das Mittelalter charakterisierend eingeprägt. So spricht man immer nur abschätzig vom »finsteren Mittelalter«, weil sein auf der Grenzscheide des Übergangs zur Neuzeit liegender Untergang sich in einer Finsternis religiöser und sozialer Wirren vollzog, hinter welcher der schnellfertige Gegenwartsmensch kaum noch etwas Lichtes und Helles sucht.

Wir haben uns zu Beginn mit der Ordnung des Münzwesens befaßt; wir haben den Zeitabschnitt der gotischen Kultur und ihrer Wirtschaftsblüte von 1150 bis 1450 als die Epoche einer von den Geschichtsforschern bis heute noch nicht sonderlich beachteten Geldwirtschaft identifiziert. Es ist nach allen Quellen der Geschichte keine Übertreibung zu sagen, daß die Blütezeit der Gotik mit den Brakteaten kam und mit dem Verschwinden der Brakteaten unterging. Zu diesem Verschwinden aber kam es, weil die »Renovatio monetarum«, die, mit kluger Mäßigung gehandhabt, eine Wohltat war, in den Händen der Maßlosen zur Plage wurde.

Immer häufiger wurden Münzverrufungen vorgenommen, immer schlechter wurden die Prägungen und minderwertiger der Feingehalt des Silbers. Dies alles hatte schließlich, wie Prof. Polenske in seiner Schrift »Die Geldreform« darlegt, den Erfolg, daß diejenigen Fürsten und Münzherren, die die »Renovatio monetarum« mit Mäßigung handhaben, einen stärkeren Zufluß von Geld aus den Nachbargebieten erhielten. Das Geld ergriff die Flucht vor allzu großer Beschneidung. In den verlassenen Gebieten mußte nun aber durch den Ausfall der Geldzirkulation eine Verarmung, eine Stokkung des Absatzes und eine Bedrängnis der Gewerbetätigkeit auftreten, wohingegen im Gebiet des Geldzuflusses Handel und Wandel gedeihen konnten. Aus diesen Zuständen mußte der Anschein entstehen, als ob der hohe und häufige Schlagschatz, den die Münzherren erhoben, die direkte Ursache der Verarmung sei, während die seltene Verrufung der Münzen in anderen Gebieten eine segenbringende Schonung von Handel und Gewerbe darstelle. Auf dieser Linie von Überlegungen und Folgerungen wurde dann schließlich die Forderung nach dem »ewigen Pfennig« erhoben. Aus naheliegenden Gründen haben auch die großen Kaufherren die Forderung nach »schweren Münzen«, nach dauerhaftem Geld, kräftig unterstützt. Das Augsburg der Fugger gehörte mit zu den ersten Plätzen, an denen die Münzverrufung auf vier Jahre hinausgeschoben wurde.

Für unsere heutigen Begriffe bleibt dabei aber doch noch erstaunlich, daß die scheinbar so einleuchtende Forderung nach dem »ewigen Pfennig« keinesfalls allgemeine Zustimmung fand. Ebengreuth berichtet in seinem schon zitierten Werk »Allgemeine Münzkunde und Geldgeschichte des Mittelalters«, daß sich alle Städte Österreichs gegen die Ausgabe von schweren Münzen erklärt hätten und sie als eine Maßnahme beklagten, die für Land und Leute »kein gemayner nuoz nicht mug gesein, sunder ein ursach verderblicher schäden mennichglich«. Diese erstaunliche Einsicht ist in der Folgezeit freilich nicht ganz bis in unsere Gegenwart herübergerettet worden.

Der »ewige Pfennig« war im Gegensatz zu den periodisch aufgerufenen Brakteaten eine dickere und beidseitig geprägte Münze. Die Änderung im Münzwesen spielte sich indessen nicht so ab, daß zu einer bestimmten Zeit keine Brakteaten mehr und nur noch Dickpfennige geprägt worden wären, sondern sie bahnte sich im Nebeneinander der beiden Münzarten an. Der erste »ewige Pfennig« soll schon anno 1295 in Konstanz geschlagen worden sein. Manche Münzherren haben sowohl Brakteaten wie auch Dickpfennige zu gleicher Zeit schon geprägt. So hat die Landgräfin Sophie von Hessen in Marburg Brakteaten schlagen lassen und in den Münzstätten Grünberg und Frankenberg an der Eder zweiseitige Pfennige. Auch von Friedrich Barbarossa weiß man, daß er in den thüringischen Münzstätten, in Altenburg, Saalfeld, Mühlhausen u. a., Brakteaten prägen ließ, während an den kaiserlichen Münzstätten des Westens, wie z. B. an der glänzendsten kaiserlichen Pfalz Hagenau im Unterelsaß, an der sich Barbarossa oft und gerne aufhielt, zweiseitig geprägte Dickpfennige geschlagen wurden.

In diesem Zusammenhang ist das Nebeneinanderbestehen schwerer doppelseitig geprägter Münzen einerseits, die nicht mehr zur Aufrufung gelangen sollten, und leichter, einseitig geprägter und der periodischen Verrufung ausgesetzter Brakteaten andererseits sicherlich schon ein kleines volkswirtschaftliches Problem gewesen, denn nach einem sehr viel später erst entdeckten Gesetz, das die Nationalökonomen als »Gresham-Gesetz« kennen, wird das »bessere« Geld stets vom »schlechteren« Geld verdrängt. Wie beim Aschenputtelmärchen die guten Erbsen ins Töpfchen und die schlechten ins Kröpfchen gehen, so gehen in der Volkswirtschaft die guten Pfennige auf die hohe Kante und die schlechten – in den Verkehr. In diesem Fall hat das aber ausnahmsweise sein Gutes, denn jetzt war ja dem allgemeinen Handel und Wandel noch hinreichend gedient, solange ein ausreichender Kreislauf von Geld im ständigen Umlauf den Markt der Verbrauchsgüter räumte. Die Umsätze der großen Kaufherren, die schließlich mit großem und schwerem Geld bezahlt werden mußten, kamen ja nicht zum Stocken, solange der letzte kleine Markt die Güter noch abnehmen konnte.

Die eigentliche und unwiderrufliche Stagnation setzte erst mit dem völligen Verschwinden der Brakteaten ein, genauer gesagt, mit dem Ende der »Renovatio monetarum«; denn die Renovatio monetarum hatte in der gewissen Abschwächung, daß die Münzverrufung beim Wechsel des Landesherrn oder bei Antritt eines Kreuzzuges erfolgen durfte, auch bei beidseitig geprägten Münzen, wie sie im Westen üblich waren, lange Zeit ihre Gültigkeit. Bei der Eigenart der mittelalterlichen Welt stellt der Wechsel vom alten Brauch auf die Neuerung, wie schon angedeutet, natürlich nicht ein Ereignis dar, welches auf ein bestimmtes geschichtliches Datum fixiert werden könnte; der Wechsel vollzog sich vielmehr in einer allmählichen Entwicklung. Aus diesem Umstand erklärt es sich auch, daß wir in manchen Gegenden noch in der zweiten Hälfte des 15. Jahrhunderts Merkmale der geschilderten Wirtschaftsblüte finden, also in einer Zeit, zu der in weiten Kreisen der abendländischen Kulturwelt bereits dunkle Schatten über dem Leben lagerten.

In Österreich wurde die Einführung des »ewigen Pfennigs« – der ja nun dem Münzherrn keinen regelmäßigen Schlagschatz mehr aus dem Münzregal einbrachte – dadurch verzuckert, daß für den Verzicht auf die Verrufung des Pfennigs ein sog. »Ungeld« gewährt wurde. Dieses Ungeld stellte Einkünfte aus einer Art Getränkesteuer dar; es war der Zehnte aus allen in österreichischen Landen zum Ausschank gebrachten Getränken. Die Neuregelung vermochte jedoch nicht zu verhindern, daß die nunmehr ewigen Pfennige mehr und mehr und in unkontrollierbaren Mengen minderwertig ausgeprägt wurden. Man begründete dies mit dem veränderlichen Silberpreis; die Pfennige wurden schwarz und andere Ausgaben blechfarben grau – und der Schaden, den das Volk am Ende zu tragen hatte, war viel größer, als der Schlagschatz bei den Brakteaten jemals gewesen war.

Diese Art Münzverschlechterung, die es seit dem Niedergang Roms nicht mehr gegeben hatte und an der der Kaiser selbst sein gerütteltes Maß Schuld trug, blieb jedoch auf den Süden, auf Österreich, Bayern, Tirol, auf die Steiermark und auf Ungarn, beschränkt. Hier hatte Kaiser Friedrich III. die Rechte der Münzprägung zur rigorosen finanziellen Ausnutzung an zahlreiche Münzherren gegen erhebliche Beteiligungen verpachtet. In anderen Fällen hatte er, um der Schuldenrückzahlung zu entgehen, seinen Gläubigern einfach das Recht eingeräumt, selber Pfennige und Kreuzer zu prägen. Das Volk nannte diese Münzen, mit denen es um 1458 bis 1460 überschwemmt wurde, »Schinderlinge«.

Es liegt auf der Hand, daß die kleinen Gewerbetreibenden, Bauern und Handwerker der Entwicklung in ohnmächtiger Verzweiflung gegenüberstanden. In der Augsburger Chronik schreibt Burkhard Zink: »Aber auf das letst, das war auf das 1460 jar, da ward die müntz überall in allen landen verschludert und verspilt und verspotten und ward so unwert, daß sie niemand mer wolt nemen und gab man 10 pfennig für ain guldin. Allmechtiger Gott, wie gar gütig bist, daß du sovil ungerechtigkait und poshait und schalkhait übersiehst, daß je ainer den andern leicht (= betrügt) und verderbt und umb das seine pringt, als hie mit der pösen müntz geschehen ist« (s. C. Hegel, »Die Chronik der deutschen Städte«, Bd. V, S. 112).

Von dieser räumlich und zeitlich begrenzten Abweichung aus solcher allgemeinen Entwicklung des Geldwesens abgesehen, ging die Tendenz des Münzwesens in dieser Epoche nun aber doch überwiegend auf die Ausprägung gewichtiger Silber- und Goldmünzen hin.

Wenn wir uns erinnern, daß der Anfang der Wirtschaftsblüte 300 Jahre zuvor mit der Verwandlung von Edelmetallschätzen in immerwährend zirkulierendes Geld in Erscheinung trat, so zeigt sich jetzt der umgekehrte Vorgang in dem Erstarren der Geldvorräte des Landes in der neuen Schatzbildung. Diese war jetzt ermöglicht und geradezu herausgefordert dadurch, daß keine Geldverrufung mehr eintrat. Auch zu diesen Vorgängen gibt es aufschlußreiche geschichtliche Berichte.

Als ob man überhaupt noch keinen Begriff von der volkswirtschaftlichen Notwendigkeit der Geldzirkulation gehabt hätte, schuf man im 16. Jahrhundert erstaunlicherweise auch noch Münzen, die eigens zum Verschatzen bestimmt waren. Luschin von Ebengreuth nennt hier die sogenannten »Lösertaler«, die von den braunschweigischen Herzögen Heinrich und Julius in den Jahren 1574–1588 und 1609 in verschiedenen Größen, und zwar bis zu 16 Talern schwer, geprägt wurden. Diese Münzen mußten von den herzoglichen Untertanen, die nach ihrem Vermögen eingeschätzt wurden, vom Landesherrn käuflich erworben werden, durften aber nicht in den Umlauf kommen, sondern waren als Schatz aufzubewahren. Der Landesherr wollte damit erreichen, daß ein Silbervorrat im Lande blieb, auf den er in Notzeiten zurückgreifen konnte. Aus ähnlichen Überlegungen wurden auch Goldabschläge von Silberstempeln hergestellt und als Schatzmünzen ausgegeben. Ebenso waren Gedenkmünzen, Erinnerungsmünzen an einen Friedensschluß, »Hochzeitstaler«, »Taufgroschen«, »Kommuniontaler« u. a. in der Regel Münzprägungen, die weniger dem Umlauf als vielmehr der Schatzbildung dienten und in diesem Sinne den volkswirtschaftlichen Leistungsaustausch nicht gerade förderten.

Die Schatzbildung nahm aber in diesem Jahrhundert überall zu. Da waren die – nicht nur von den braunschweigischen Herzögen, sondern auch noch von vielen anderen Münzherren geprägten – »Lösertaler« gerade das gesuchte Geld.

Gustav Freytag zitiert in Band II seines Werkes »Bilder aus Deutscher Vergangenheit« aus der Biographie des Hans von Schweinichen, der als Haushofmeister des Herzogs Heinrich von Liegnitz anno 1575 bei Herrn Marcus Fugger in Augsburg zu Gaste war:

»Der Herr Fugger führte seine Fürstlichen Gnaden im Hause spazieren, einem gewaltig großen Hause, so daß der römische Kaiser auf dem Reichstage mit seinem ganzen Hofe darin Raum gehabt hat. Herr Fugger hat in einem Türmelein Seiner Fürstlichen Gnaden einen Schatz von Ketten, Kleinodien und Edelsteinen gewiesen, auch von seltsamer Münze und Stücken Goldes, die köpfegroß waren, so daß er selber sagte, er wäre über eine Million Gold wert. Danach schloß er einen Kasten auf, der lag bis zum Rande voll von lauter Dukaten und Kronen. Die gab er auf zweimal-hunderttausend Gulden an, welche er dem König von Spanien durch Wechsel übermacht habe. Darauf führte er Seine Fürstlichen Gnaden auf dasselbe Türmelein, welches von der Spitze an bis zur Hälfte hinunter mit lauter guten Talern gedeckt war. Er sagte, es wären ohngefähr siebzehntausend Taler. Dadurch erwies er Seiner Fürstlichen Gnaden große Ehre und daneben auch seine Macht und sein Vermögen. Man sagte, daß der Herr Fugger so viel hätte, ein Kaisertum zu bezahlen … Gerade damals versagte der Fugger einem Grafen seine Tochter, und man erzählte, daß er ihr außer dem Schmuck zweimal-hunderttausend Taler mitgäbe« (s. a. a. O., S. 30/31).

Es wird verständlich sein, daß die Fugger im Volksbewußtsein um diese Zeit längst schon als Geldwucherer galten. »Fuggerei« zu betreiben war die Bezeichnung für das Wuchergeschäft des Geldverleihens. Dem schwelenden Zorn des Volkes gegenüber mußte freilich auch einmal eine freundliche Tat ein gewisses Gegengewicht schaffen; diesem Umstand ist es zu danken, daß Augsburg heute noch seine Fuggerstiftung – die »Fuggerei« – aufweisen kann, eine Wohnsiedlung, die Jakob Fugger, »der Reiche«, für die Armen seiner Vaterstadt gebaut hatte und in der die Wohnung damals wie heute einen einzigen rheinischen Gulden Jahresmiete kostet. Heute beträgt die Jahresmiete, umgerechnet auf unsere jetzige Währung, 1,72 DM. – So ist doch auch etwas Gutes übriggeblieben.

Böses Blut hat es aber damals gemacht, daß ein Beauftragter aus dem Hause Fugger den Ablaßkasten des Tetzel begleitet hatte, um die Eingänge aus dem Ablaßhandel zu überwachen. Das Haus Fugger hatte der Kurie nämlich Vorschüsse auf das ärgerniserregende Geschäft gewährt. Beiläufig bemerkt, sehen wir auch im Ablaßhandel der Kurie den steilen Verfall zur Maßlosigkeit; der einstmals fromme Brauch, mit einer freiwilligen Gabe für einen guten Zweck, für den Bau eines Gotteshauses oder eines Spitals dem Herrgott ein Opfer zu bringen, damit er die Verfehlungen und Sünden des Opferwilligen vergeben möge, wird in den Händen hemmungsloser Geldschinder zu einem einträglichen Handel mit der Gnade Gottes. Und die Geldwucherer verdienen noch ihre Prozente daran. Doch wie gesagt, diese Vorgänge fallen nicht mehr in die hohe Blütezeit des gotischen Mittelalters, sondern in den Anfang der Neuzeit.

Selbstverständlich waren die Fugger nicht die einzigen Geldmänner dieser Zeit. Da sind auch die Welser und Höchstätter in Augsburg; Jörg Thurzo, der sich vom Geschäft zurückgezogen und seinen Handelsgenossen Fugger aufgefordert hatte, auch vom weiteren Gelderwerb abzulassen, schien eine Ausnahme zu sein. Jakob Fugger antwortete ihm, er hätte einen ganz anderen Sinn, wollte gewinnen, dieweil er könnte! (s. G. Ruhland: »System der politischen Ökonomie«, S. 769/770). In Nürnberg waren die Imhof, Ebner und Volkmar, in Ulm das Geschlecht der Ruland und in anderen Städten noch viele andere.

Mit welchen Gewinnspannen in diesen Kreisen gearbeitet wurde, ging aus einem Prozeß hervor, den ein Mitbeteiligter gegen Ambrosius Höchstätter angestrengt hatte. Durch diesen Prozeß war in Augsburg bekannt geworden, daß eine Geldeinlage von 900 Gulden innerhalb von 6 Jahren 30 000 Gulden brachte. Der Kläger hatte 33 000 Gulden verlangt; das Gericht hat ihm aber »nur« 30 000 Gulden zugestanden. Die Zustände waren anno 1521 bereits so empörend, daß der Wormser Reichstag einen Untersuchungsausschuß einsetzte, dessen Vorschläge dann aber, wie es vorzukommen pflegt, an den Bestechungsgeldern der bedrohten Gesellschaften kläglich Schiffbruch erlitten (s. G. Ruhland, a. a. O., S. 770/771).

So wie in Augsburg hatten sich also auch in anderen Städten und Gegenden aus den reichsten der Kaufleute beim Niedergang von Handel und Gewerbe Bankiers entwickelt. Die überall nur in wenigen Händen zusammenströmenden Kapitalien drängten nicht mehr im alten Stil nach Warenumsatz. Jetzt traten andere Gewinnmöglichkeiten in Erscheinung; es kam nur darauf an, warten zu können und dann die Bedingungen zu diktieren. Kaiser und Könige, Adel und Kirche bemühten sich um die Gunst der Geldfürsten; und so nahm das Geld – während das Strombett der Wirtschaft mitsamt der geschäftigen Emsigkeit der kleinen Bürger mehr und mehr versandete und ausdörrte – seinen Weg in die Politik. Die Finanzkraft der Fugger hat eine Kaiserwahl entschieden; und wenn auch der Kaufmann Jakob Fugger den Schuldschein über 1 Million Goldtaler, den ihm Karl V. unterschrieben hatte, seinem Kaiser mit einer großzügigen Geste zu Weihnachten 1522 auf den Gabentisch legte, so ist er doch bei diesem Geschäft nicht zu kurz gekommen. Gegenüber der historischen Zuverlässigkeit des großmütigen Geschenks an den Kaiser bestehen einige Zweifel; doch wie dem nun gewesen sein mag, bleibt doch beachtenswert genug, daß das Verhältnis zwischen dem Kaufmann Jakob Fugger und dem Kaiser sich in dieser wirklichen oder erdichteten Szene so trefflich widerspiegelt. Der Bankier des Kaisers hatte inzwischen auch Niederlassungen seines Hauses in Spanien eingerichtet, eben zu der Zeit, da nach der Entdeckungsfahrt des Kolumbus das Gold und Silber aus den überseeischen Besitzungen Spaniens nach Europa kam.

Aber auch anderen Geldfürsten war der Kaiser verpflichtet. Die Welser waren kraft ihres Geldes unter Karl V. die regierenden Herren des der Krone unterstehenden Staates Venezuela geworden, eines

Gebiets, fast doppelt so groß wie das Deutsche Reich vor dem Ersten Weltkrieg. Das Verleihen von Geld an Kaiser und Könige, an den Hochadel und an die Kirchenfürsten mag oft genug einträglicher gewesen sein als der Handel, da es Ländereien, Pfründe und Privilegien brachte, die mühelos noch größere Gewinne lieferten.

VERSIEGENDE NACHFRAGE – BÖSE FOLGEN

In den tieferen Zusammenhängen gesehen, war das alles aber doch ein Abfluß des Geldes aus der Wirtschaft heraus zur Finanzierung der zerstörenden Händel und Kriegszüge der Großen. Handel und Gewerbe indessen kamen zum Erliegen; im Volke nahm die Not und die wirtschaftliche Bedrängnis zu. Der Mensch, der seit Generationen gewohnt war, mit fleißiger Arbeit sein Brot zu verdienen, fand plötzlich, daß die anderen seine Arbeit nicht mehr abnehmen wollten; es war keine ausreichende Nachfrage mehr da.

Alle Berichte über die Erstarrung des Zunftwesens, die aus dem sorgenvollen Kampf um den Platz an der Tafel des Lebens hervorging, datieren aus der Zeit nach der Aufhebung der »Renovatio monetarum«. Noch einmal können wir auch bei Adolf Damaschke eindringliche Bestätigungen hierzu finden: »In der altberühmten Goldschmiedezunft von Augsburg war jeder willkommen gewesen, der sein Meisterwerk leistete, 1549 aber wurde bestimmt, daß jährlich nur 12 Bewerber, 1582, daß nur noch 6 Bewerber zugelassen werden sollten. Dadurch wurde für die Handwerksgesellen die Aussicht, jemals selbständig zu werden, zerstört, und es begann sich in scharfer Trennung von den Meistern ein neuer Stand der Lohnarbeiter in den Städten zu bilden.«

In Nürnberg wurde 1572 einem Meister des Fingerhuthandwerks, der ein »sonderes neues Drehrad, ihm und seiner Arbeit zum Vorteil, aber anderen Meistern zu Schaden erfunden und gebraucht hatte«, auf Antrag seiner Zunftgenossen jeder weitere Gebrauch unter »starker Strafe« untersagt.

Ein Nadlermeister, der ein Reibzeug erfunden hatte, erhielt 1585 unter Androhung von 50 Gulden Strafe den Befehl, »dasselbe alsbald wegzutun, nicht mehr zu gebrauchen, viel weniger hier oder auswärts in dem Gebrauch desselben zu unterweisen« (s. a. a. O., S. 86/87).

Der italienische Abbé Lancellotti erzählte in einer 1636 erschienenen Schrift, daß vor fünfzig Jahren, also anno 1586, ein Mann in Danzig eine »sehr künstliche Maschine« erfunden habe, die 4 bis 6 Gewebe auf einmal verfertigte. Der Rat habe aber die Erfindung unterdrückt und den Erfinder heimlich ersticken oder ersäufen lassen. Dieselbe Maschine sei später in Leyden und in Köln wieder aufgetaucht und abermals verboten worden; in Hamburg habe man sie öffentlich verbrannt. Es handelte sich dabei um den Vorläufer der Spinn- und Webmaschinen, die nachher die industrielle Revolution des 18. Jahrhunderts mitbestimmten (s. K. Marx: »Das Kapital«, Bd. I, S. 450/451).

In Lübeck mußte bereits anno 1475 Hinrich Hengelke sein neues Unternehmen einer Kupferhütte wieder abbrechen, weil die Schmiedezunft als Grund oder Vorwand angab, es sei zu befürchten, daß durch den Betrieb der Hütte die Kohlen teurer würden. So verfügte der Rat dieser vordem so unternehmungsfreudigen Stadt, »dat gemene beste betrachtend«, die Ausmerzung des Wettbewerbers (s. Fr. Rörig: »Vom Wesen der Hanse«, S. 110).

Es ließen sich der Beispiele noch viele anführen, und sie würden sich alle zu dem uns bekannten Gesamtbild runden, daß das Zunftwesen in einer Weise starr und lebensfeindlich wurde, die ihm für alle spätere Zeiten den Stempel aufprägte. Dieser Eindruck von der mittelalterlichen Gewerbeordnung ist also haften geblieben.

Der Druck, der das bewirkte, ist aber im übrigen nicht nur in solchen kleinen Einzelvorgängen zu erkennen. In England, wo die Geldsteuer gleichfalls aufgehoben und durch die Herdsteuer ersetzt worden war, machte sich mit dem Ausgang des 15. Jahrhunderts eine zunehmende Feindseligkeit gegen die hansischen Kaufleute bemerkbar. Hansische Schiffe wurden im Ärmelkanal, auch direkt im Hafen von Boston, überfallen und ausgeplündert. Kämpfe zur See, Kaperkriege, langwierige Auseinandersetzungen mit politischen Intrigen hemmten den Handel. Was wir schon in kleinen Beispielen sahen, sollte sich hier auch im Großen abspielen: der Platz an der Tafel des Welthandels war ebenfalls enger geworden; der Engländer wollte den Wettbewerb des deutschen Kaufmannes ausmerzen. Um 1493 kam es zu einem organisierten Sturm auf den Stalhof in London – die berühmte hansische Niederlassung. Die deutschen Kaufleute durften sich nicht mehr auf der Straße zeigen. Ein gleicher Aufstand brach 1517 wieder aus. Jetzt wurden die Hansen widerrechtlich gefangengesetzt. 1557 wurden die Zollvorrechte der Stalhofskaufleute aufgehoben; 1597 setzten die Hansen ihrerseits durch, daß die Engländer vom deutschen Reichsboden verwiesen wurden; und 1598 wurde dafür der Stalhof in London auf Befehl der Königin Elisabeth geschlossen, die Hansen vertrieben oder als Geiseln zurückbehalten.

So ist auch der Niedergang der Hanse eine unmittelbare Folge der Krisenentwicklung in der mittelalterlichen Weltwirtschaft. Eine innere Kraft, wie sie einstmals im Zusammenschluß der Hansestädte bestanden hatte, war nicht mehr da – nachdem die Wirtschaftskraft zerfallen war. Deutschland war inzwischen in die Wirren der Religionszwistigkeiten, Bauernkriege, Hexenverbrennungen und dergleichen hineingeraten. Die Bauernkriege waren das Ergebnis der Bedrückung, die vom Adel und von den Stadtvogteien auf die Schultern der Bauern geladen worden war. Die Rechtsauffassungen jener Zeit – fußend auf dem römischen Recht – haben dazu geführt, daß die landesherrlichen Rechte über die Menschen mit dem Verkauf von Reichsgrund an private Käufer, an Adlige und Geldleute, an die Kirche und an Städte auf die Käufer überging. Mit dem Kauf des Bodens, mitunter ganzer Dörfer, wurde zugleich das Recht gekauft, die Abgaben der Landbewohner zu kassieren und ihre Frondienste in Anspruch zu nehmen. So wurden diese Abgaben und Dienste, die der Bauer zu leisten hatte, mit der Kommerzialisierung des Bodens ständig drückender. Gemeindebesitz an Wald und Weide wurde den Bauern genommen und nur gegen entsprechende Abgaben zur Nutzung überlassen. Die Maßlosigkeit, mit der der Bauer gepeinigt wurde, kannte keine Grenzen. So wird berichtet, daß sie nachts die Teiche und Tümpel peitschen mußten, damit die Frösche schweigen sollten und nicht mit ihrem Konzert den Schlaf der Herren störten; und beim Morgengrauen begann dann beim Bauern wieder die Fronarbeit des Tages. – Bei den dem Bauern auferlegten Geldabgaben mußte er im Falle von Säumigkeit Zinsen zahlen, und zwar nach dem sogenannten »Rutscherzins« für jeden Tag des Verzuges den verdoppelten Zinssatz, so daß er mit mathematischer Gewißheit nicht mehr aus der Schuld herauskam (s. G. Ruhland: »System der politischen Ökonomie«, S. 774).

Eine Flucht vom Lande in die Stadt gab es nicht mehr, denn die Gewerbetreibenden der Stadt konnten keinen Zulauf mehr brauchen. Sie sperrten die Zünfte gegen fremden Zuzug und überwachten auch eifersüchtig, daß auf den Märkten und in den umliegenden Orten keine nicht aus den zünftigen Werkstätten stammende Ware verkauft würde. Den Wettbewerb der Nichtzünftigen, der »Bönhasen«, zu verhindern, wurden eigene Späher von den Handwerkszünften ausgesandt. Neid und Mißgunst waren in der Atmosphäre der Not geil emporgeschossen. Was blieb den Bauern anderes übrig, als sich zum Landsknecht herzugeben oder sich gegen die Bedrücker zu erheben! – Gustav Ruhland schreibt hierzu: »Dem Proletariat in den Städten folgte das Proletariat auf dem Lande. Aus beiden Reservearmeen rekrutierte sich hauptsächlich das Angebot auf dem deutschen Söldnermarkt, der in den Städten sichtbar gewordene Reichtum reizte die Eroberungssucht der kapitalistisch gewordenen Fürsten. Die Übernahme und Vermittlung von Staatsanleihen gehörte bald bei den Großkapitalisten zu den beliebtesten Geschäften. Und so trieb der rasch angesammelte Reichtum in wenigen Händen, die zunehmende Unzufriedenheit in den Volksmassen, die Anstauung eines Proletariats in Stadt und Land, die wachsende Leichtigkeit in der Beschaffung großer Söldnerheere wie in der Aufnahme neuer Staatsschulden die Fürsten in fast endlose Kriege hinein, die von 1557 bis 1620 fast allgemein zu Staatsbankrotten führten, welche auch die Millionen der oberdeutschen Handelshäuser auf Nimmerwiedersehen verschlungen haben« (s. a. a. O., S. 772/773).

Die mörderisch-grausame Rache aber, die die Bauern in ihren Aufständen unter Florian Geyer, Thomas Münzer, Götz von Berlichingen und anderen Anführern an den in ihre Gewalt geratenen Bedrückern übten – bis sie endlich doch der Obermacht der waffenkundigen Adligen erlagen und zu Zehntausenden erschlagen wurden –, gehört mit auf das Konto der wirtschaftlichen Zerrüttung, für deren Ursprung niemand eine Erklärung wußte.

Die heiße Empörung gegen das Unrecht der Zeit hatte damals auch Tilman Riemenschneider – neben dem in Nürnberg und Krakau tätigen Veit Stoß wohl der bedeutendste Meister der deutschen spätgotischen Kunst – in den Bauernkriegen auf die Seite der aufständischen Bauern gebracht. Heute noch zeugen seine herrlichen Werke, der Creglinger Altar, der Abendmahlaltar in Rothenburg, seine Grabplatten in Würzburg, das Kaisergrab im Bamberger Dom u. a. m. von einer unerhörten Gestaltungskraft – doch nach der Niederwerfung des Bauernaufstandes haben ihm die bischöflichen Schergen in der Folter die Hände gebrochen.

Was die Verirrung in die Wahnvorstellungen von religiösem Fanatismus, von Hexenglauben und dergleichen anbelangt, so wird man berücksichtigen müssen, daß der Mensch dieser Zeiten für die über ihn hereingebrochene allgemeine Not keine verstandesmäßige Erklärung finden konnte. Es war nicht anders denkbar, als daß er in allem, was sich zeigte, das Walten böser, dämonischer Mächte oder die Geißel Gottes glaubte sehen zu müssen. Solange es Arbeit gab und die gewerbliche Regsamkeit den Wohlstand förderte, stand es um Religion und Mystik noch anders.

Um das Jahr 1230 wollte der fanatische Prämonstratenser Konrad von Marburg die Inquisition in Deutschland einführen; doch das lebensfrohe Volk wollte von diesen finsteren Bräuchen nichts wissen – der Eiferer wurde nach kurzer Tätigkeit auf offener Landstraße erschlagen. Um das Jahr 1484 aber, als mit der Not und Existenzbedrohung auch die geistige Finsternis sich über das Land legte, begannen in Deutschland die Hexenprozesse, die sich danach über zweieinhalb Jahrhunderte hinzogen. 1489 haben die beiden Professoren der Theologie Institor und Sprenger ihren »Hexenhammer« geschrieben, das Gesetzbuch der Hexenverfolgung. Etwas Unsinnigeres, Sadistischeres, Grausameres und Schamloseres über das Vorhandensein eines Teufels und seinen geschlechtlichen Verkehr mit den Hexen, über deren Treiben und über die Mittel und Methoden, sie zu »Geständnissen« zu bringen, konnte menschliche Phantasie wohl kaum ersinnen.

Von 1595 bis 1666 lebte Benedikt Carpzow, der sich selbst der Hinrichtung von 3000 Hexen rühmte, wobei außerdem noch 17 000 gewöhnliche Verbrecher kraft seiner Autorität in der Rechtspflege zum Tode verurteilt wurden. Überall lohten die Scheiterhaufen, und der Wahnsinn feierte seine fürchterlichsten Orgien.

Die Religionszwistigkeiten – hervorgegangen aus der Entartung des Christentums, von Reformern bekämpft, die ihrerseits in neue Verworrenheiten und Entartungen verfielen – nahmen den breitesten Raum in den allgemeinen Auseinandersetzungen ein. Daß die Lehre Luthers erst die Bauernaufstände begünstigte und daß Luther danach eine Schwenkung vornahm und mit flammenden Worten forderte: »... es soll zerschmeißen, würgen und stechen, heimlich oder öffentlich, wer da kann, und gedenken, daß nichts Giftigeres, Teuflischeres sein kann denn ein aufrührerischer Mensch ...«, war beides symptomatisch für den Verlust von Maß und Mitte.

Daß ferner auch die Reformatoren das Blut der Andersdenkenden fordern konnten und den Scheiterhaufen als Ultima ratio nicht verschmähten, zeigte sich in dem unglücklichen Ende von Michael Servet, der auf Betreiben von Calvin dem Glaubensgericht ausgeliefert und auch mit Billigung von Melanchthon anno 1553 in Genf verbrannt wurde.

Die wild aufgepeitschte Zeit vermochte nur noch in Extremen zu denken. Die geistige Verwirrung des aus seiner Bahn von Arbeit, Gläubigkeit und Lebensfreude herausgeworfenen Menschen setzte sich immer mehr in Zerstörung und Auflösung um. Schließlich waren die Meinungsverschiedenheiten in Glaubenssachen in der Breitenwirkung nur noch ideologische Verbrämungen für den Kampf um Macht, Besitz, Freiheit, Brot und verlorenes Lebensglück.

So waren die Lehren der Wiedertäufer, die sich insbesondere um 1532 bis 1535 in Münster zu einem grausigen Taumel von religiös verbrämter Zügellosigkeit, von Raub, Mord, Plünderung und Ausschweifung auswuchsen, ein typisches Zeichen der Zeit. Daß der Schneider Bocklson den verwegensten Wahnsinn predigen, aus Münster sein »Königreich Sion« machen, seine »Gerechten« zum Mord durch die Straßen senden, die Vielehe einführen und seine eigenen Frauen, deren er eine erkleckliche Anzahl hielt, eigenhändig hinrichten konnte, das ist gewiß etwas aus den finstersten Tagen der deutschen Geschichte; aber es ist erst möglich geworden, nachdem die Ordnung verloren war, in welcher sich das Leben, Handel und Wandel des Volkes jahrhundertelang geborgen fühlen durfte.

DIE WEGE DER FALSCHMÜNZEREI

Auch in aufgewühlten Zeiten geht das Leben noch irgendwie weiter. Der Mensch muß essen, muß sich kleiden und muß ein Dach über dem Kopfe haben. So veränderte sich zwar vom 16. zum 17. Jahrhundert nichts Grundsätzliches an der eingespielten Ordnung von gewerblicher Tätigkeit und Marktwirtschaft; es schien nur, daß sie nicht mehr alle ernähren konnte, so daß Landstreicher und entwurzeltes Kriegsvolk das Land unsicher machten. Doppelt sorgfältig verbarg der Stadtbürger seinen Geldschatz, und auch der Bauer hielt es für geraten, seine Taler gut zu vergraben.

Des weiteren kam zu dieser Entwicklung hinzu, daß die Luxusbedürfnisse der Herren jetzt immer mehr Münzmetall aus der Volkswirtschaft herauszogen. In der aufschlußreichen Schrift von Menzner-Flocken, »Kaufkraft und Zeitgeschehen«, finden wir interessantes Material hierzu. So ist in der Pfalz von dem reichen Geschlecht Meinhard von Schönberg überliefert, daß der Vater um 1590 noch mit einem Silbergeschirr von 1 Kanne, 8 Becherlein und 2 Salzfäßchen auskam, während der Sohn um das Jahr 1616 bereits Teller und Schüsseln, Leuchter und Schreibzeug, ja selbst Gießkannen aus Silber beanspruchte! – Wie einst in der Zeit der Völkerwanderung verwandelte sich das blinkende Metall nun wieder in nutzlose Schätze – und das Geld wurde knapp.

Längst war die regelmäßige Münzerneuerung aufgehoben, und die Münzherren brauchten, da der Geldbedarf noch dringender zu werden schien, mehr neues Münzmetall, als die Silbergruben liefern konnten. Händler durchzogen das Land, machten Wechselgeschäfte, verstanden leichte und schwere Münze geschickt auseinanderzuhalten, die schweren zu beschneiden und wieder an den Mann zu bringen; kauften auch manche silberne Schüssel, manchen Becher und zwischendurch auch wohl einmal einen kupfernen Kessel. Dieses Metall wurde in die Münze geliefert; und so entstanden doch immer wieder neue Taler. Der ehrbare Zunftmeister und der biedere Bauer, die sich das auf dem Markt eingenommene Geld nach einiger Zeit besahen, mußten dann freilich feststellen, daß es merkwürdig rot geworden war. Und nun stellte sich auch heraus, daß die auswärtigen Erzeugnisse allmählich teurer wurden, wenn man sie mit solcher roten Münze kaufen wollte.

Das Geschäft des Münzenprägens blühte. Münzherren und Städte mußten Geld schaffen für Kriegszwecke. Mitunter wurden die Münzrechte an beliebige Unternehmer verpachtet oder verkauft. Betrug und Fälschungen nahmen überhand. Stempel und Jahreszahl guter Reichstaler wurden nachgeahmt und neugeprägte Münzen mit Säuren behandelt, daß sie alt und echt aussehen sollten. In der Chronik von Sangerhausen wird berichtet, daß die Kupfermünzen »gesotten und weiß gemacht« worden seien, das habe etwa acht Tage vorgehalten, Zeit genug, um das Geld an den Mann zu bringen. So wurde das neue Geld immer wertloser. Schließlich war sogar das Kupfer schon so kostbar, daß z. B. Leipzig eckige Blechmünzen prägte.* Wer Schulden hatte – im Anfang des 17. Jahrhunderts war die Aufnahme von Gelddarlehen schon verbreitet –, zahlte sie rasch mit den aus einem kupfernen Kessel herrührenden »Talern« zurück.

Es war die Zeit der »Kipper und Wipper«, die erste neuzeitliche Währungszerrüttung durch inflationistische Geldvermehrung. Wohl hat diese Geldvermehrung die Stockungen im mittelalterlichen Gewerbeleben gemildert, die durch die vorausgegangene Verschatzung von Geld bewirkt worden waren; aber das Ende davon war doch eine vollkommene Verarmung der betrogenen Bürger und Bauern. Auch damals gab es bereits zahlreiche Prozesse um die Rückzahlung »guten Geldes«. Die Obrigkeit war der Lage nicht mehr gewachsen; ja, auch das Reichsgeld sank trotz seines Zwangskurses im Werte. Um der allgemeinen Teuerung zu begegnen, setzte die Obrigkeit

---

* Eckige, mit der Blechschere geschnittene Münzen, sog. »Klippen«, sind in der Regel Notgeld; sie sind jedoch im Metallgehalt nicht immer minderwertig ausgeprägt worden. So ließ der Kommandant einer belagerten Stadt, Marquis de Guebriant, anno 1710 aus seinem eigenen Tafelsilber »Klippen« schlagen; und anno 1578 – 132 Jahre früher – schlugen auch die burgundischen Verteidiger der belagerten Stadt Amsterdam einseitige Notklippen aus Kirchensilber.

Höchstpreise fest. Aber nun verkauften die Bauern kein Korn und kein Vieh mehr, und die Not wurde noch größer.

Wenn etwas im Staate oder in der Gesellschaft nicht in Ordnung ist, braucht die öffentliche Meinung einen Sündenbock. Diesen Sündenbock stellten damals die Leute dar, die das gute Geld vom schlechten noch zu unterscheiden vermochten und das schwerere Geld »wippend« oder wägend »ausseigerten«, d. h. aussortierten. Auf diese Leute richtete sich der Zorn des Volkes. In Wirklichkeit waren allerdings die Münzherren selber die eigentlichen Schädlinge, wie der unbekannte zeitgenössische Kritiker, der sich hinter dem Namen »Knipphardius Wipperius« verbarg, anno 1622 in seiner Flugschrift schrieb:

»Ich habe noch keinen einzigen Pfennig, geschweige denn gröbere Münze gesehen, worauf der Kipper und Wipper oder eines Juden Name, Wappen oder Gepräge stände – sondern man sieht darauf wohl ein sonst bekanntes fürstliches Gepräge oder Bild und wird der Kipper und Wipper nicht mit dem geringsten Buchstaben gedacht.« Gewiß sei manche gute alte Kupferpfanne, worin soviel gutes Bier und so mancher schöne Trunk Breihahn gekocht wurde, verschmolzen und vermünzt worden – »doch dies ist nicht von den gemeinen Kippern, sondern von den Erzkippern geschehen. Denn jene haben keine Berechtigung zu münzen, und ob sie gleich wie die Spür- und Jagdhunde das Silber aufgetrieben, so hätten sie es doch nur auf Befehl anderer abgejagt.« Sie seien also »… auch nicht in so schwerer Verdammnis als diejenigen (sie mögen heißen, wie sie wollen), die Münzrechte vom Reich haben und dieselben zu merklichem Schaden deutschen Landes mißbrauchen« (s. R. Eisler: »Das Geld«, S. 184).

Letzteres bestätigt auch L. v. Ebengreuth: »Hans de Witte, einer der Vorstände der Prager Kaufmannschaft, übernahm für eine Gesellschaft von 15 Personen mit Vertrag vom 18. Januar 1622 das ganze Münzwesen in Böhmen, Österreich ob und unter der Enns und Mähren bis zum 16. Februar 1623 gegen einen Pachtschilling von 6 Millionen Kippergulden. Diese Herren nützten ihre Zeit so gut aus, daß der Zusammenbruch nach Jahresfrist schon unvermeidlich war.«

Natürlich lag die Ursache für diese Entwicklung in erster Linie in den Mängeln der Münzordnung. Dazu kamen aber noch, wie Richard Gaettens in seinem Buch »Inflationen« sicherlich mit einigem Recht erklärt, die politischen Triebkräfte. Gaettens meint: »Die Erkenntnis, daß die politische Gesamtlage einen großen Krieg erwarten ließ, war schon seit 1615 allgemein. Daher begannen alle Fürsten und Stände sich auf diesen Krieg vorzubereiten, d. h. zu rüsten. Um diese Rüstungen zu finanzieren, suchten die Münzherren aus dem Münzschlag durch ständige Verringerung des Feingehalts und des Gewichtes soviel Gewinn als möglich herauszuholen.« Anno 1618 kam es denn auch mit dem Prager Fenstersturz zu diesem erwarteten großen Krieg. Wir sehen also, die Verschlechterung des Geldes und der Krieg gehörten auch damals schon zusammen.

Die Münzunordnung hat dann freilich bis weit über den Dreißigjährigen Krieg hinaus – ja sogar bis in das nachfolgende Jahrhundert hinein – angehalten. Daß der endlose Krieg das Horten und Verschatzen von gutem Geld geradezu zum vordringlichsten Anliegen aller Stände gemacht haben muß, liegt auf der Hand. So war auch nach dem Krieg das Silber noch rar, und die Falschmünzerei ging weiter. Um den unhaltbaren Zuständen abzuhelfen, kamen die Kurfürsten von Brandenburg und Sachsen anno 1667 im Kloster Zinna in der Mark Brandenburg mit dem Herzog von Braunschweig zusammen, um einen neuen Münzfuß festzulegen. Nach dem »Zinna'schen Münzfuß« sollte die Mark Feinsilber – die »Mark« ist hier als eine Gewichtsmenge zu begreifen – 10 Reichstaler und 12 Groschen oder 15 Floren und 45 Kreuzer ergeben. Doch die Münzherren kümmerten sich nicht darum, anerkannten die neuen Bestimmungen nicht und prägten unentwegt 12 bis 15 Reichstaler aus einer Mark Silber. Die Münzverschlechterung ging immer noch weiter.

Danach kam es im Jahre 1690 in Leipzig zu einer neuen Zusammenkunft der Landesfürsten. Und nach dem hier beschlossenen »Leipziger Münzfuß« wurde nun festgesetzt, daß die Mark Feinsilber 12 Taler oder 18 Floren ergeben müsse. Aber auch das war noch lange keine endgültige Überwindung der Geldunsicherheit. Auf dem Reichstag zu Regensburg kam es 1736 zu einem »General-Münz-Probationstag«; aber erst einige Jahre später wurde der »Leipziger Münzfuß« nun doch durch ein Reichsgutachten für allgemeinverbindlich erklärt.

Die Münzverschlechterung war im übrigen nicht überall gleichmäßig, doch gehörten die brandenburgischen Taler wohl zu den schlechtesten; sie bestanden fast nur noch aus Kupfer. Demgemäß war hier auch die Teuerung am schlimmsten.

Daß hemmungsloses Geldmachen einerseits und Teuerung andererseits immer Hand in Hand gehen, zeigte sich schon zum Anfang dieser langanhaltenden Währungszerrüttung. Bereits 1521 hatte sich der Kanzler des ungarischen Königs Ludwig II. von seinem Schatzmeister Alexius Thurzo und einem zweiten skrupellosen Berater, Emmerich Szerenzich, dazu verleiten lassen, der königlichen Münze 75 Prozent Kupfer beizumischen. Die Thurzo-Fugger geboten um diese Zeit bereits über die gesamte Erzeugung der ungarischen und Tiroler Kupferminen. Vier Jahre danach kam es denn auch – just unter den Hüttenleuten der Thurzo-Fugger-Gruben – zu einem Aufstand. Die Knappen traten auf freiem Feld bewaffnet zusammen und eröffneten dem Faktor der Fugger, sie verlangten jetzt entweder gute alte Münze zum Lohn oder für jeden Gulden nicht einhundert, sondern zweihundert Pfennige von der derzeitigen Prägung. Der Faktor verlegte sich aufs Verhandeln und bot einhundertfünfzig Pfennige; die Leute blieben aber unnachgiebig bei ihrer Forderung, und so mußte der Faktor nach langer Beratung mit den Richtern nachgeben und die Bewilligung der Forderung verkünden – wie die Chronik berichtet, »mit feierlichem Protest ob der angetanen Gewalt«. Darauf schossen die Hüttenleute ihre 500 Donnerbüchsen ab und machten mit Pauken und Fahnen die Runde um das Fuggerhaus. Am anderen Tag erhielten sie den Lohn, wie es ihnen versprochen worden war, für jeden Pfennig überlieferter Währung deren zweie in neuem Geld.

Doch nicht überall waren die Geschädigten findig und stark genug, sich in Quantität zurückzuholen, was ihnen in der Qualität vorenthalten wurde. Die Zerrüttung des Geldwesens ließ überall die Trümmer einer aufgelösten Ordnung zurück. Ehrliche Gewerbetätigkeit, Treue und Glauben, Recht und Sitte lagen zerstört und entwertet am Wege dieser Entwicklung, die immer mehr in das Chaos von Betrug, Raub und Plünderung, Brandschatzung und Krieg hineinsteuerte. Und der ratlose Mensch, der nicht wissen konnte, wie es zu all dem gekommen war, wähnte, Hexen und böse Geister am Werke zu sehen. Alle Kräfte des Untergangs steigerten ihre Wirkung mit dem zunehmenden Verfall bäuerlicher und gewerblicher Existenzmöglichkeiten; und der Dreißigjährige Krieg verwüstete das Land und pflügte von 17 Millionen Deutschen 10 Millionen unter die Erde.

DAS GELD IN DER RENAISSANCE

Während Blütezeit, Reife und Niedergang der gotischen Kultur sich über das Kernland Europas ausbreiteten, um nach dem Nordosten zu verebben, lag der Süden lange Zeit noch im Dornröschenschlaf der versunkenen Antike. Arbeitsteilung und Geldwirtschaft waren zwar nie völlig vergessen, aber der Kreislauf der Leistungen war träge und kümmerlich. Fehlte es an Menschen, am Geiste, an Geld? – Vielleicht bedurfte es nur eines Anstoßes, um das Schlummernde erwachen und neu ins Dasein treten zu lassen.

Italien war der Sitz des Papstes, des Oberhauptes der Christenheit. Über Italien und seine Häfen gingen zwei Jahrhunderte lang die Kreuzzüge nach dem Heiligen Land. Und mit diesen Kreuzzügen kam aus Frankreich, aus England, aus dem Norden ein Strom von Geld, das für die mannigfachen Bedürfnisse der Heere verausgabt wurde und an der Straße der Kreuzfahrer sich niederschlug. So wurde die gewerbliche Regsamkeit wieder langsam lebendig.

In umgekehrter Richtung aber öffneten die Kreuzzüge die Handelswege nach dem Orient und brachten das christliche Abendland mit den Erzeugnissen fremder hoher Kulturen in Berührung. Bald folgten dem ekstatischen Ritter, der das Heilige Land erobern wollte, tatkräftige Erdenmenschen, kluge Rechner und gewandte Händler. Aus der Eroberung des Heiligen Landes wurde nichts; aber der Händler fand auf den Märkten des Morgenlandes seltsame Gewürze, Pfeffer, Kümmel, Muskat, Safran, Ingwer, Zimt und mancherlei anderes, was den Handel lohnte. So ergab sich zwischen den beiden Welten, zwischen der Welt des christlichen Abendlandes und der Welt der Ungläubigen, allmählich ein reger Handelsverkehr. Eines der meistbegehrten Gewürze war der Pfeffer, den die kapitalstarken Kaufherren, die Medici und Peruzzi in Italien, die Fugger und Welser in Deutschland, in ganzen Schiffsladungen einführten. Gold und Silber war aus dem Orient wenig zu holen, aber Indigo und Brasilholz zum Färben der Stoffe, und Alaun, um den Farben Glanz und Haltbarkeit zu geben, waren zur weiteren Entfaltung der heimischen Erzeugung nicht minder wichtig. Alaun wurde im 15. Jahrhundert aus Ägypten und Kleinasien nur von den Türken geliefert, jährlich für 100 000 Goldgulden.

Die Abwicklung solcher Geschäfte brachte für die Handelshäuser, die sich damit befaßten, und für die Städte, die den Güterumschlag bewältigten, allmählich einen beträchtlichen Reichtum. Der Reichtum aber stärkte das Selbstbewußtsein der Menschen, der Umgang mit fremden Völkern und Kulturen weitete den Horizont. Und so entwickelte sich eine ganz neue Lebenshaltung. Man wurde diesseitsfreudig, lebensbejahend, tatendurstig, prachtliebend; die Fesseln frommer Beschaulichkeit und bedingungsloser Kirchengläubigkeit wurden gesprengt. Neben der im Norden noch voll blühenden Gotik entfaltete sich hier im Süden die ganz andersartige Blüte der Renaissance. Und auch diese Blüte entwickelte sich erst, nachdem der Boden mit Geld gedüngt war.

Genau wie im Norden wurden indessen auch hier im Süden aus Großkaufleuten schließlich Bankiers. Das Haus der Medici hatte sich im Auftrag des Papstes sogar mit der Einziehung, Verwaltung und produktiven Anlage der aus der gesamten Christenheit an die römische Kurie fließenden Abgaben zu befassen. Die Medici waren um 1300 Kaufleute, um 1400 Bankiers und um 1500 Fürsten und Päpste. Unter den Notwendigkeiten dieser großen und weitgespannten Aufgaben entwickelten sich jetzt ein durchgebildetes Rechnungswesen, ein erster Anfang betriebswirtschaftlicher Erfolgsrechnung und ein reiner Geldverkehr, der vom Süden her das ganze übrige Europa in seine Netze einzuspinnen verstand.

Die im Anfang des 16. Jahrhunderts in Deutschland zum Durchbruch gekommene leidenschaftliche Abwehr des Ablaßwesens war sehr stark davon bestimmt, daß solcherart der Geldstrom nach dem Süden gezogen wurde. In Rom war um diese Zeit ein Medici Papst geworden; und dieser Leo X., ein Mann seiner prachtliebenden Zeit, brauchte Millionen für den großartigen Ausbau von St. Peter. Und wenn dies nun auch nicht der erste und der einzige Ablaß war, der für diesen Dombau das Geld nach Rom brachte, so war hier doch das erste große Ärgernis gegeben. Ohne Frage sind die Auswirkungen des Geldabflusses im allgemeinen Bewußtsein nur langsam zur Kenntnis genommen worden. In Wirklichkeit war Rom schon lange ein Magnet für das Geld. Bereits aus dem 14. Jahrhundert wird berichtet, daß zur Verkündung des Jubelablasses endlose Pilgerzüge nach Rom gekommen seien und daß zwei Priester Tag und Nacht mit Rechen in den Händen das Geld eingestrichen hätten, das die Gläubigen vor dem Altar des heiligen Petrus niederlegten. Sicher steckte in mancher von diesen Münzen dasselbe Silber, das einstmals beim Niedergang des römischen Weltreichs abgeflossen und abenteuerliche Wandlungen in Fürsten- und Kirchenschätzen, in verborgenen Verließen und nordischen Bauernstuben durchgemacht haben mag, das in der Brakteatenzeit mancherlei Prägungen getragen und auf vielen Märkten in den Städten des Nordens von Hand zu Hand gegangen sein mochte – jetzt war es also wieder in Rom, aber in einem anderen Rom als dem einstigen.

GOLD UND SILBER AUS DER NEUEN WELT

Es mag noch viele Dinge geben, die in der geschichtlichen Entwicklung zu den Notwendigkeiten gehören, ohne die der wirkliche Verlauf der Vorgänge nicht denkbar wäre. Wo aber der Geldstrom einsetzt, da bringt er das Zusammenspiel dieser Faktoren und den Fluß der Ereignisse zustande. Die Renaissance, soweit sie vom Gelde erweckt war, hat im Beginn nur von der Substanz des in Europa vorhandenen Geldes gelebt. Aber der Erfolg der erwachten Regsamkeit weckte den Wagemut, der in die Ferne strebte nach den sagenhaften Schätzen Indiens. Und der Geist dieser Zeit läßt auch den Einsatz vertretbar erscheinen, der für die weltgeschichtliche Reise des Christoph Kolumbus nötig war. Viele Jahre hatte er sich – erst in Portugal und dann am spanischen Hof – um diese Reise bemüht, bevor die Königin Isabella ihn mit seinen drei Schiffen auf den Weg schickte.

Die Gier nach Gold begleitete ihn, und nun geschah nicht nur das für die damalige Zeit geradezu Unfaßbare, daß er wirklich auf Land stieß, sondern auch noch das andere, daß es ein Land war, welches einen märchenhaften Reichtum an Gold barg! – Nichts als Gold wollen jetzt die Eindringlinge. Die Indios müssen abliefern, was sie haben und finden. Selbst vierzehnjährige Knaben werden zu Goldlieferungen gezwungen. Schon kommt es zu Grausamkeiten und Aufständen. Aber das alles ist erst ein Anfang.

Kolumbus kehrt mit reicher Beute nach Spanien zurück, wird im Triumph empfangen, mit Ehren überschüttet – später wird es ihm noch anders ergehen! – Aber jetzt folgen erst seine weiteren Reisen, und hinter ihm drängt sich die Flut der Eroberer und Abenteurer; es kommt ein Ferdinand Cortez, es kommt ein Francisco Pizarro. Cortez findet den Weg nach Mexiko, stößt auf ein Reich voll goldener Wunder. Ein Kaiser wird inmitten einer märchenhaften Pracht von seinen Kriegern wie ein Gott verehrt. Man gibt sich vertrauensselig arglos diesen seltsamen Weißen gegenüber und bietet den Eindringlingen Geschenke, darunter eine Prunkschale im Werte von einer

Million. Aber diese Geschenke stacheln die Begierde der Fremden noch mehr auf. Sie überfallen den Kaiser und legen ihn in Ketten. Da kommt es zu einem Blutbad in der goldstrotzenden Stadt Tenochtitlan, dem nur wenige der Eindringlinge entrinnen. Doch Cortez kommt davon und kehrt wieder mit überlegener Macht; die Azteken werden geschlagen, ihre Tempel und Paläste geplündert, und ihre reichen Erzgruben, die Gold und Silber bergen, sind fortan spanischer Besitz.

Für das Begriffsvermögen der Alten Welt mochte es höchst erstaunlich sein, daß diese fremdartigen Kulturen, die in den Schätzen von Gold und Silber schwelgen konnten, sich eines primitiv anmutenden Naturalgeldes bedienten. Bei den Azteken im alten Mexiko galt zu den Zeiten, da Fernando Cortez das Land eroberte, die Kakaobohne als Geld. Cortez schrieb in seinen Berichten: »Man hält sie so hoch, daß sie im ganzen Land als Münze gelten und man alle Notdurft dafür kaufen kann auf Märkten und anderswo« (s. Koppe, 3 Berichte des Don Fernando Cortez, Clavigero, History of Mexico, vol. 3, p. 86; Ridgeway, a. a. O., S. 171). Unserem heutigen Begriffsvermögen ist die Sache aber nicht mehr gar so unverständlich. Wer Gold und Silber in Hülle und Fülle hat, für den ist es nicht mehr viel wert; was diese Metalle geeignet machte, in unserem Kulturkreis als Geld zu dienen, das war ja nur ihre Knappheit. In Mexiko war dagegen die Kakaobohne das verhältnismäßig knappe Gut. Auch Kolumbus fand das Kakaobohnengeld bei den Maya-Händlern auf Guanaya (Honduras). Wahrscheinlich waren diese alten Kulturen durch die Besonderheit ihres Geldwesens nicht in dem Grade konjunkturempfindlich, den die Edelmetallwährung bedingt – wenn Gold und Silber entmünzt und für Prunk und Kult und Schatzbildung verwendet werden. Aber nun fielen sie den fremden Eindringlingen zum Opfer.

Nicht weniger tragisch war das Unglück, das mit der Goldgier Francisco Pizarros über das Reich der Inkas hereinbrach. 1533 war Pizarro mit einem kleinen Trupp seiner beutehungrigen Abenteurersoldaten bis vor den Sonnenkönig des Inka-Reiches vorgedrungen. Der König hatte ihn, auf einem goldenen Throne sitzend, empfangen, umgeben von seinen Getreuen und seinen Kriegern. Fast hält man die weißen Männer, die über das große Wasser gekommen sind, für Götter – bis sie die arglosen Indianer überraschend mit ihren Feuerwaffen niedermachen, den König gefangennehmen, um Gold zu erpressen. – Der Inka-König Atahualpa verspricht als Gefangener, Gold herbeischaffen zu lassen, soviel, um den Boden des großen Raumes, in dem er jetzt als Gefangener steht, bedecken zu lassen; er übersieht die sprachlose Verwunderung der Fremden und hebt die Hand – so hoch werde er den Boden mit Gold bedecken. Aber während das Gold aus den Tempeln und Schatzkammern des Landes von eilenden Boten geholt wird, vergehen Wochen. Es entsteht Streit unter den Eroberern um die Beute. Eine Partei will die Karawane der Inkas abfangen, die den Hauptteil des Goldschatzes bringen soll. Der König wird gefoltert, damit er den Weg verrate, und schließlich erdrosselt. – Ein Reich fremdartiger Kultur war dem Untergang verfallen. Und wie immer, wenn die Gier den Menschen übermannt und zum Verbrechen treibt, steht das Ergebnis in keinem Verhältnis zu der vorausgegangenen Tat. Der große sagenhafte Schatz der Inkas gelangt nie in die Hände der Eroberer – er ist bis heute noch nicht gefunden. – Die Kunde von dem Verbrechen am König war den Boten entgegengeeilt. So haben sie den Schatz auf unwegsamen Pfaden in Sicherheit gebracht – vielleicht auch haben sie ihn den Bergen zurückgegeben.

Dennoch hat die Entdeckung Amerikas durch Kolumbus wie auch die Entdeckung des Seeweges nach Indien durch die Portugiesen die geschichtliche Entwicklung in neue Bahnen gelenkt. Den Auffassungen der Zeit entsprechend war der Papst in Rom als Stellvertreter Gottes die höchste Instanz, die über die Verteilung der neu entdeckten Welt zu befinden hatte. Demgemäß wurden Brasilien, Afrika und Indien mit einem päpstlichen Dekret anno 1494 den Portugiesen zugeteilt, während der von Kolumbus neu entdeckte Kontinent den Spaniern verliehen wurde. Da aber das spanische Königshaus 1519 mit der Wahl Karls V. zum deutschen Kaiser die Herrschaft über das ganze Heilige Römische Reich Deutscher Nation erlangte, waren die Geldfürsten, die Fugger und Welser, denen der Kaiser verpflichtet war, schon an der Quelle des überseeischen Reichtums.

Nach den in späteren Zeiten erst aufgestellten Übersichten über die Gold- und Silberzufuhren aus der Neuen Welt blieben die mit Blut und Verbrechen errungenen ersten Gewinne kläglich gering gegenüber dem, was die Ausbeute der Bergwerke nachdem erbrachte. Über den Gesamtumfang der Zuflüsse liegen keine zuverlässigen Zahlen vor. Ruhland beziffert den Zufluß von 1493 bis 1600 auf 4027 Millionen Goldmark, ohne das Silber; Oesterheld schätzt, daß nur etwa 2106 Millionen Goldmark in dieser Zeit nach Europa kamen. Helfferich bietet mit der Soetbeerschen Statistik, die auch später noch die außerordentlichen Zuflüsse aus Brasilien registrierte, vielleicht die besten Unterlagen. Doch selbst wenn das, was Oesterheld angibt, nur annähernd richtig ist, bedeutet es immerhin, daß der Edelmetall- und Geldbestand des mittelalterlichen Europa von rund 500 Millionen Goldmark in kurzer Zeit auf das Vierfache gesteigert wurde. Von dieser gewaltigen Zufuhr kommen beim Golde fast 60 Prozent und beim Silber sogar 89 Prozent aus den spanischen überseeischen Besitzungen!

Und wiederum zeigt sich, daß das Geld, das vielgeschmähte und vielbegehrte Ding, wie belebendes Blut durch die Adern der Welt zu pulsieren begann, neue Regsamkeit auslöste und diese Welt in Leistungen hineinsteigerte, wie sie vorher nicht gekannt wurden. Neue Entwicklungen, neue Produktionen, neue Entdeckungen und Einsichten, aber auch neue Machtkämpfe zogen herauf. Immer aber, wenn wir dem Strom der Geschichte auf den Grund schauen, sehen wir das Schimmern und Blinken der Metalle, die den Inbegriff des irdischen Besitzes repräsentieren, solange sie Geld sein werden.

BEFRUCHTUNG DER NATIONAL-WIRTSCHAFTEN

Wie der Mensch in der Frühzeit seiner bäuerlichen Entwicklung in den Tälern des Nil und des Euphrat die Beobachtung gemacht haben mag, daß die regelmäßig wiederkehrenden Überschwemmungen dem Boden guttun und die Fruchtbarkeit des Ackerlandes steigern, so lernte der Mensch einer späteren Epoche auch ganz allmählich begreifen, daß die Überschwemmungen mit Geld den Acker der gewerblichen Wirtschaft düngen und daß diese Wirtschaft immer dann, wenn solche Flutwellen über das Land gegangen sind, reichere Erzeugnisse aller Art aus dem Gewerbefleiß der Bürger herauswachsen läßt. Und genau so, wie man aus der Beobachtung und Erfahrung im Ackerbau zu wohlüberlegter Ausnützung der Vorgänge, zu einer bedachtsamen Nachhilfe durch die Anlage von Bewässerungkanälen und Eindämmungen gelangte, genau so begann man sich vom 16. zum 17. Jahrhundert mit Überlegungen zu beschäftigen, wie man die offensichtlich segenbringende Flut des Geldes am besten heranlenken und zum bleibenden Nutzen auch halten könnte.

Mit diesen Überlegungen begann so etwas wie bewußtes und methodisches volkswirtschaftliches Denken, wohingegen der Mensch des frühen Mittelalters und auch der griechisch-römischen Kultur – mit Ausnahmen – noch keinen deutlichen Begriff von den Auswirkungen allgemein auftretender Abläufe dieser Art haben konnte, obwohl Vermehrung und Verminderung des Geldes mit allen dazugehörigen Folgen auch in diesen Zeiten schon deutlich genug auftraten. Nur wenige sahen die eigentlichen Zusammenhänge. Jetzt aber, nachdem der Strom von Gold und Silber nach der Entdeckung Amerikas die Regsamkeit und Tatkraft der Alten Welt neu befruchtete, wurde dieser Vorgang mit seinen Vorbedingungen in Zusammenhang gebracht. Der Übergang vom gläubigen oder naiv-unbekümmerten Hinnehmen der Ereignisse zur verstandesmäßigen Betrachtung der Zusammenhänge breitete sich in diesem Zeitalter auf allen Gebieten aus. Um 1577 ist Jean Bodin einer der ersten, die die Abhängigkeit des Volkswohlstandes vom Geldzufluß erkennen, und er erklärt: »Das Geld ist das Blut der Volkswirtschaft.« Durch die Erfindung Gutenbergs wird die Verbreitung neuer Ansichten und Einsichten mächtig gefördert. Andere erhalten Anregungen zum Weiterdenken und Beobachten, und so findet sich ein Mosaiksteinchen zum anderen für das große Bild der Wirklichkeit, das der kleine Mensch nicht auf einmal übersehen kann. Antonio Serra aus Neapel gibt 1613 bereits eine Schrift heraus mit dem Titel: »Kurzer Traktat von den Ursachen, welche den Ländern, die eigene Bergwerke nicht besitzen, eine reichliche Versorgung mit Gold und Silber ermöglichen.«

Der Strom des Goldes geht indessen zunächst seinen natürlichen Weg. Die Ausbeute an Gold und Silber kommt auf Schiffen über den Atlantik und wird angezogen von den Hafenstädten der Alten Welt. Lissabon, Sevilla sind die ersten Städte, in denen sich der Reichtum niederschlägt; London und Amsterdam folgen. Wieder beginnen sich Handelszentren und Handelsstraßen zu verschieben. Und während es im Kernland Europas wirtschaftlich stiller wird – Religionskriege, Dreißigjähriger Krieg und Pest haben hier Volksarmut und Verödung hinterlassen –, breitet sich das neue Leben zum Vorstoß in eine andere Zeit in den Küstengebieten am Atlantik und Kanal aus.

Die zunehmende Deutlichkeit, mit welcher die Auswirkungen der Goldzuflüsse begriffen wurden, brachte natürlich auch die in den angeführten Schriften und Überlegungen empfohlenen Maßnahmen in Fluß. Ebenso trug aber auch auf der anderen Seite die Ahnungslosigkeit, mit der man den neuen Reichtum empfing und durch die Finger rinnen ließ, nicht wenig zu einer raschen Umschichtung bei. Das kleine Portugal war mit dem Besitz von Brasilien, Afrika und Indien »Königin dreier Erdteile« geworden. Es soll in seinen besten Zeiten allein aus Indien jährlich 800 Millionen Goldmark eingenommen haben. Dieser Reichtum führte zu üppigem Luxus, der vom Königshaus ausging und tief ins Volk hinein demoralisierend wirkte. Der Rausch des Abenteuers ließ die Bauern die Landbestellung aufgeben und nach den Goldländern auswandern. Das Heimatland verödete und wurde Schafweide. Ohne Sorge um die Zukunft kaufte das reiche Portugal sein Korn von den Fremden. Aber in der Verwaltung des riesenhaften Kolonialreiches kam es bald zu bedenklicher Korruption; dazu brachte die zunehmende Bedrükkung der kolonialen Bevölkerung auch Aufstände mit sich, und schließlich ist es der Fluch des Goldes, daß es die Habgier der Umwelt weckt. In diesen Zeiten der frühen Kolonialpolitik galt nur die nackte Rücksichtslosigkeit. Holländer, Engländer und Franzosen fielen in die portugiesischen Kolonien ein, und die Kolonialbevölkerung stellte sich – von den Portugiesen schlecht behandelt – auf die Seite der Eindringlinge.

Eine fast gleichartige Entwicklung nahm das reiche Spanien, das Land, »in dem die Sonne nie unterging«. Auch dort bedenkenlose Verschwendung, nicht zuletzt durch die Kriege der spanischen Krone, ebenso wie vordem in Portugal, das 1580 der spanischen Eroberung anheimgefallen war. Auswanderung der Bauern, Verödung des Landes, Latifundienbildung, Verarmung des Volkes und Zerrüttung von unten bis oben – das Geld bleibt nicht, wo Müßigang und Verschwendung regieren. – Spanien hatte selbst in seinen reichsten Zeiten keine Förderung der einheimischen Gewerbestände zustande gebracht; der Goldstrom ging ganz andere Wege, die kümmerlichen Umsätze des niederen Volkes wurden mit Kupfermünzen bewältigt. So war der reiche Gewinn nicht der einheimischen Volkswirtschaft zugute gekommen, sondern er war vertan. Ein Jahrhundert nach der Entdeckung Amerikas hatten die Niederlande, die sich 1581 auch von der spanischen Krone losgelöst hatten, ebenso Frankreich und England bereits mehr Gold und Silber als Spanien, das Land, von dem der Reichtum herkam!

In diesen letzten Jahrzehnten des 16. Jahrhunderts bis weit in das 17. Jahrhundert hinein wurde der Kampf um die Schätze aus den überseeischen Gebieten in der Art staatlich privilegierter Seeräuberei geführt. Aus keinem anderen Grunde als um der Silberschätze willen haben die Engländer 1595/96 den spanischen Haupthafen Cadix überfallen, haben die dort verankerte Silberflotte geraubt und sind danach in die spanische Kolonie eingedrungen. Und um nichts anderes hat die Niederländisch-Westindische Handelsgesellschaft in den Jahren von 1621 bis 1636 nicht weniger als 547 spanische und portugiesische Schiffe gekapert, darunter einmal eine Flotte, die allein für 14 Millionen Gulden Silber an Bord hatte. Immer wieder sind Raub, Verbrechen und Kampf die nächstliegenden Handlungen, zu denen der Mensch in der Nähe der blinkenden Metalle seine Zuflucht nimmt.

EROBERUNG ODER HANDEL

Aber in diesem 16. Jahrhundert begann nun schließlich die Bildung größerer absolutistischer Nationalstaaten: Spanien, Portugal, Frankreich, England bis herunter zu den Territorialfürstentümern in Deutschland, die immerhin um 1500 die beachtliche Zahl von 1786 politischen Gemeinwesen darstellten. Jetzt bahnen die Bedürfnisse der Krone oder des Staates – zwei verschiedene Dinge, die jedoch auf lange Zeit hinaus fast miteinander identisch waren – dem geldwirtschaftlichen Denken in der nationalstaatlichen Politik den Weg. Man fängt an, Methoden zu studieren, wie man das Geld ins Land bringen, den Wohlstand und damit die Steuerkraft der Untertanen heben könne. Nicht alle Völker sind so hervorragende Seefahrer wie die Holländer und die Angelsachsen; aber auch die anderen wollen Gold und Silber haben, weil diese Metalle Geld sind, und so bahnt sich allmählich der Weg an, den John Locke später mit der Feststellung absteckte: »In einem Lande ohne Bergwerke gibt es zum Reichtum nur zwei Wege: Eroberung oder Handel.«

Im sogenannten »Merkantilismus« beginnt sich jetzt ein wohlbedachtes System geldwirtschaftlicher Politik durchzusetzen. In Frankreich hat Ludwig XIV. das Glück, in Jean-Baptiste Colbert den hervorragendsten Kopf zum Generalkontrolleur der Finanzen zu gewinnen. Colbert löst die liederliche Finanzwirtschaft Fouquets ab, beginnt mit planvoller Gewerbeförderung. Die verfeinerte Methode des auswärtigen Handels soll jetzt das Geld ins Land bringen, das man vordem nur mit Raub und Beutezügen erlangen konnte. Die Ausfuhr von Gold hingegen wurde von Colbert mit drakonischen Mitteln verhindert; Gold außer Landes zu bringen kostete in diesen Zeiten den Kopf. Das ganze Bemühen Colberts lief darauf hinaus, »das Geld im Königreich zu halten, dasjenige, welches hinausgeht, wieder hereinzubringen und die fremden Staaten immer in dem Geldmangel zu erhalten, darinnen sie sind.«

Mit den Methoden dieser Politik und mit den Erleichterungen und der Förderung jeglicher Gewerbetätigkeit im Königreich brachte Colbert eine außerordentliche Wirtschaftsblüte zustande. Unternehmer und Arbeiter wurden aus aller Herren Ländern nach Frankreich gezogen: Metallarbeiter aus Nürnberg, Strumpfwirker aus England, Spiegelarbeiter aus Venedig. Und da alle Hände beschäftigt waren, durften Arbeiter und Gewerbetreibende aus Frankreich nicht auswandern. Nach glaubwürdigen Berichten sollen Spitäler und Siechenhäuser nach arbeitsfähigen Menschen abgesucht worden sein, und in der Armenpflege mußten an Stelle von Geld, Speise und Trank auf obrigkeitliche Anordnung Wolle und Arbeitsmittel gegeben werden, damit die allgemeine produktive Tätigkeit zunehme. Der Bedarf an tätigen Menschen war so groß, daß der persönlich sehr sittenstrenge Colbert Einfälle in die barbarischen Länder anordnete, um Arbeitssklaven für die Ruderbänke der französischen Schiffe zu bekommen. Nicht zuletzt war allerdings der Menschenbedarf auch durch die vielen Kriege Ludwigs XIV. gesteigert worden.

Das System Colberts und das Gelingen seines Werkes ist der erste große Beweis der Neuzeit dafür, daß der Mensch mit der Macht des Wissens das Geld lenken kann. Aber Colbert war ja nur der Minister; und da sein Souverän kein Verständnis für das sachlich Notwendige und für die Beschränkung seiner Ansprüche an die Steuerkraft des Volkes aufbrachte, vermochte sein System doch nicht die königlichen Anforderungen zu decken. Und auch mancherlei Nebenwirkungen der absolutistischen königlichen Politik haben an den Erfolgen Colberts gezehrt, ohne daß er dies deutlich machen konnte. In einer Zeit, in der es dem fähigsten Staatsmann darauf ankam, die Wohlfahrt des Landes zu heben, verlor Frankreich durch die Verfolgung der Hugenotten über eine Million der intelligentesten und wohlhabendsten Menschen.

Ähnlich verfahren war die Politik des Absolutismus gegenüber der Landwirtschaft. Die Grund- und Personalsteuer ruhte fast ganz auf den Schultern der Bauern. Diese Steuer und die Salzsteuer brachten zusammen 80 Prozent der Einnahmen des französischen Staates ein. Das war vor der Zeit Colberts; viele Bauern hatten das Land verlassen. Große Landstriche waren verödet. Da die Grund- und Personalsteuer (Taille) vornehmlich die Kosten der Kriegführung decken

mußte, vermochte Colbert für die Bauern nur die gröbsten Über-
forderungen abzustellen. Doch seine Klugheit ließ ihn dafür andere
Steuerquellen finden. Die gesamte Belebung der gewerblichen Tätigkeit, die er mit seiner Geld-, Steuer- und Handelspolitik zustande
brachte, trug schließlich ein Vielfaches von dem ein, was vorher aus
einem von Steuerpächtern ausgequetschten Landvolk herausgeholt
werden konnte. Colbert hat die schon verschleuderten königlichen
Domänen dem Staat zurückerworben, Colbert hat die französische
Handelsflotte mächtig gefördert. Die französischen Kolonialerwer-
bungen nahmen rasch zu. Beim Tode Ludwigs XIV. war der Koloni-
albesitz Frankreichs zweieinhalbmal größer als Frankreich – und das
wollte etwas heißen in einem Zeitalter, in dem es darauf ankam, »das
Gold im Königreich zu halten« – und die Kraft der eigenen Volkswirtschaft dennoch über Länder und Meere hinweg auszudehnen.

Geschichte ist nicht wiederholbar; und so sagt es sich leicht hin,
daß es müßig sei, sich einen anderen Ablauf zu denken. Wer aber
kann sich vorstellen, wie anders die Geschichte verlaufen wäre, wenn
das Geld – und wenn der Kopf, der das Geld zu lenken verstand –
dem Sonnenkönig nicht zur Verfügung gestanden hätte? – Dieser
Ludwig XIV. hatte doch die Vorstellung: »Alles, was sich im Umfang
unserer Staaten befindet, gehört UNS!« – Was hätte ihm aber
gehört, wenn die 64 000 Arbeiter, die allein in der Wollweberei tätig
waren, als plündernde Banden wie einstmals die Armagnaken durch
das Land gezogen wären? Und was hätte ihm gehört, wenn die
50 000 Webstühle, die durch Colberts kluge Maßnahmen in Tätigkeit gesetzt waren, nicht für Frankreich gearbeitet hätten? – War
nicht die Jahresproduktion der französischen Seidenfabriken unter
Colberts Förderung auf 50 Millionen Livres gestiegen? Und die Herstellung von Spitzen beschäftigte auch bereits 17 000 Menschen.
Frankreich war der bedeutendste Exportstaat der neuen Zeit geworden, und dieser Vorgang gründete sich doch wohl nicht auf den
Glanz, den die Üppigkeit und Verschwendung des Sonnenkönigs an
seinem Hof entfaltete, sondern auf die Klugheit und auf die Geschicklichkeit des großen Zauberers, der die Ströme des Geldes zu
lenken verstand.

HANDELSKRIEGE UND ZOLLPOLITIK

Mit den Erfolgen Colberts breiten sich jetzt die merkantilistischen Anschauungen aus, die fast alle politischen Energien auf den nationalen Geldgewinn richten. Gold und Silber gelten als die ersten und bedeutendsten Werte einer Nationalwirtschaft; und so ist man bemüht, diese Edelmetalle durch den Handel an sich zu reißen. Die Handelspolitik fängt an, die Ausfuhr von Waren zu fördern und die Einfuhr zu hemmen und zu hindern, in umgekehrter Darstellung also: Geld hereinzuziehen und nicht mehr hinauszulassen. Diese Bestrebungen mußten aber notwendigerweise gegeneinander auflaufen und neue Konflikte erzeugen. Die berühmte Navigationsakte Cromwells, die 1651 bestimmte, daß der Verkehr zwischen England und den Kolonien nur auf englischen Schiffen erfolgen dürfe, lag auf der Linie dieser Handelspolitik; sie verbesserte die englische Außenhandelsbilanz und ruinierte Holland. Holland hatte nämlich um diese Zeit von 20 000 europäischen Schiffen selber 16 000 auf den Meeren; es war der Frachtfahrer Europas. Der handelspolitische Schachzug Englands führte denn auch sofort zum Krieg; aber England blieb in diesem Krieg von 1652 bis 1654 Sieger.

In Deutschland erklärte der Große Kurfürst seiner Verwaltung, daß der »auswärtige Handel zu den führnehmsten Säulen des Staates gehöre, weil dadurch die Manufakturen im Lande ihre Nahrung und ihren Unterhalt erlangen«. So wurden also auch in Brandenburg-Preußen und anderen deutschen Landen Ein- und Ausfuhr reglementiert. Edelmetalle, aber auch Leder, Häute und Felle durften schon unter dem Großen Kurfürsten nicht mehr ausgeführt werden; ebenso wurde die Einfuhr von Kupfer und Messingwaren von ihm verboten, um das Gewerbe der einheimischen Kupferschmiede zu fördern. Mit dem Versuch, durch den Erwerb von Kolonien zu Gold und Gewinn zu kommen, hatte der Große Kurfürst indessen noch kein Glück. Nach seiner eigenen Rechnung kam jeder aus der brandenburg-guinesischen Kolonie an der Westküste Afrikas stammende Golddukaten auf zwei Dukaten Unkosten.

Während aber der Große Kurfürst seine merkantilistische Politik noch mit dem Blick auf die Wohlfahrt des Staates betrieb, hat sein Sohn Friedrich III., der mit Zustimmung des Kaisers nach der Königskrone greifen durfte, schon mehr dem Prunk von Versailles nachgeeifert. Seine winterliche Reise im Dezember 1700 von Berlin nach Königsberg, wo die Krönungsfeierlichkeiten stattfinden sollten, erforderte für den gesamten Hofstaat 30 000 Pferde. Die Krönungskosten wurden durch eine Kronsteuer von einer halben Million Talern aus den einzelnen Landschaften aufgebracht. Die Krönungsinsignien waren aus reinem Golde hergestellt und mit Edelsteinen besetzt. Vom purpurnen Krönungsmantel wird berichtet, daß er Diamantenknöpfe gehabt habe, von denen jeder 3000 Taler gekostet haben soll, und auf der Brust eine Diamantenagraffe im Wert von 100 000 Talern. Vielleicht sind solche märchenhaften Wertangaben etwas übertrieben; aber der außerordentliche Aufwand, dem der Absolutismus dieser Zeit huldigte, ist an genügend anderen Zeugnissen immerhin soweit erwiesen, daß auch dies glaubwürdig ist.

Der Merkantilismus hat sich in Deutschland zuerst bei der sogenannten »Kameralwissenschaft« eingenistet. Diese Wissenschaft befaßte sich mit der Kunst, die Steuerkraft von Land und Leuten zum Wohle der Landesherren zu heben und auszuschöpfen. In Preußen richtete Friedrich Wilhelm, der Nachfolger des verschwenderischen Friedrich I., dieser Wissenschaft, obwohl er nicht viel von Gelehrten hielt und mitunter seine Professoren mehr als Hofnarren behandelte, gleich zwei Lehrstühle ein; hierbei verfehlte er auch nicht, den Professoren gleich einzuschärfen, worauf es ihm ankäme. Friedrich Wilhelm erkannte sehr wohl, daß eine Hofhaltung, wie sein Vater sie geübt hatte, den Staat ruinieren mußte. So lebte er bescheidener, kümmerte sich selbst um untergeordnete Dinge, setzte eigenhändig fest, wieviel Geld ein Reisender nach dem Ausland mitnehmen durfte, und erreichte schließlich, daß der Merkantilismus, den er betrieb, doch immerhin seinem Lande zugute kam. Um die heimische Weberei zu fördern, wurde die Wollausfuhr mit dem Galgen bedroht; und ausländische Tuche zu tragen brachte ebenfalls die Todesstrafe ein. Lohnerhöhungen wurden mit empfindlichen Geldbußen bestraft, da sie dem Außenhandel abträglich waren.

Das mag alles eine sehr holprige Wirtschaftspolitik gewesen sein; aber als dieser preußische König starb, blickte er anders als Ludwig XIV. auf eine schuldenfreie Finanzverwaltung, auf einen Staatsschatz von 24 Millionen und auf jährliche Staatseinkünfte von 21 Millionen Talern zurück. Das System des Merkantilismus schien richtig zu sein. Die Folge davon war, daß es Schule machte. Jetzt aber ergab sich in Deutschland, wo die Bildung eines großräumigen Nationalstaates nicht gelungen war, eine Abkapselung zahlreicher Kleinstaaten durch Aus- und Einfuhrverbote und Landeszölle. Kursachsen hatte schon sehr früh sogar die Ausfuhr des »sehr seltsam gewordenen Eisens« verboten. Auch die Verbote von Kaffee, Tee und Tabak stellten einen Ausdruck des handelspolitischen Kampfes um Gold und Silber dar. So hat Ludwig, Landgraf von Hessen, bei seinem Verbot des Kaffeetrinkens seinen Untertanen auch gleich erklärt, daß »dadurch große Summen Geldes aus Unseren Fürstlichen Landen und dem Reiche unnützlicherweise verschleppt und der Kreislauf des Geldes in Unseren Fürstlichen Landen gemindert und gehemmt« werde.

JOHN LAW UND SEIN PAPIERGELD

Als der Sonnenkönig Ludwig XIV. 1715 starb, waren in Frankreich allein die jährlichen Zinsen für die Staatsschuld schon größer als die laufenden Staatseinnahmen. Der Regent Herzog Philipp von Orléans, der den unmündigen Knaben Ludwig XV. vertrat, fand keinen Rat mehr. In dieser Zeit hatte John Law einigen europäischen Höfen phantastisch anmutende Finanzierungsprojekte unterbreitet, war zuerst abgewiesen, dann aber in Frankreich doch herangezogen worden. John Law, ein Mann von schottischer Herkunft, im Bankwesen bewandert und weit gereist, bekam die Erlaubnis zur Errichtung einer privaten Kreditbank, die bald schon zu einer Staatsbank umgewandelt wurde. Diese Bank gab Zettel aus, von denen Law zunächst nicht mit Unrecht sagte, daß sie genausogut wie Metallgeld für Zahlungszwecke benutzt werden könnten. Nach seiner Theorie sollten diese Zettel durch den Grund und Boden gedeckt sein, womit der eigentliche und bleibende Wert des Landes beweglich gemacht und in Umlauf gebracht würde. Das Papiergeld sei sogar wertbeständiger als das Silber, »denn die Länder bringen herfür, aber das Silber ist schon hervorgebracht«, und »die Landgüter können keine von ihren Nutzungen verlieren, aber das Geld kann sein Gepräge verlieren«. In der praktischen Handhabung richtete man sich jedoch nicht nach diesen Grundsätzen. John Law beugte sich sofort dem Finanzbedürfnis des Staates und räumte ihm ein, daß er auf Grund seines eigenen Kredites – also ohne Grund- und Bodendeckung – solches Papiergeld ausgeben könne. Bereits im Jahre 1718 wurden seine Zettel Staatspapiergeld. Da in Frankreich um diese Zeit dank der Verschwendung des Hofes Geldmangel herrschte, brachte das Papiergeld wirklich eine Erleichterung. Handel und Gewerbe blühten wieder auf, und der Zinsfuß sank.

Inzwischen hatte John Law außerdem eine weitere Gründung vollzogen, die »Mississippi-Compagnie«, eine Handelsgesellschaft auf Aktien, die die Kolonisierung Kanadas und der Länder am Mississippi bezweckte. Diese beiden Operationen zusammen brachten einen ungeheuren spekulativen Aufschwung. Die Staatsbank gab Geld aus, Gewerbe und Manufakturen blühten auf, zahlloses Volk aus aller Welt strömte nach Frankreich und nach den französischen Kolonien. Bis zum Mai 1720 wurden nach einem eigenen Bericht von John Law »500 ganz große Schiffe erbaut oder gekauft, nicht zu sprechen von den Brigantinen und Fregatten, um den Strom von Auswanderern nach dem an Metallen, Seide und Spezereien reichen Louisiana zu bringen«. – Aber die Notenpresse der Staatsbank war nicht mehr aufzuhalten. Der Herzog von Orléans soll mehr Geld haben drucken lassen, als John Law überhaupt wußte. Schließlich waren es 3,7 Milliarden Livres. Und so, wie das Geld vermehrt wurde, stiegen die Preise – sie stiegen so rasch, daß die Produktion bei aller Emsigkeit nicht mehr nachkommen konnte. Die Mississippi-Aktien stiegen mit und waren in wenigen Jahren von 500 auf 18 000 Livres geklettert! – Dann aber kam es beim Rückfluß der Noten zur Ernüchterung. Die Bank konnte die Zettel nicht einlösen, die gewaltige Papiergeldmasse aber auch nicht im Umlauf lassen. Jetzt war guter Rat teuer. John Law wurde vom Regenten mit größerer Vollmacht ausgestattet, zum Generalkontrolleur der Finanzen ernannt und versuchte nun von dieser Basis aus, sein System mit Willkürmaßnahmen zu retten. Der Wert von Gold und Silber wird plötzlich nach dem Bedürfnis der Bank verändert; man befiehlt die Ablieferung von Edelmetallen, der Besitz von Kleinodien wird unter Strafe gestellt, die Herstellung von Tafelsilber wird untersagt, ja sogar der Besitz von Bargeld, soweit er über 500 Livres hinausginge, sollte nicht mehr erlaubt sein. Da das aber alles nichts half, wagte Law schließlich die einzig vernünftige Maßnahme, den Wert seiner Bankzettel auf die Hälfte herabzusetzen. Der Erfolg war jedoch – in der damaligen Zeit war man so etwas noch nicht gewohnt –, daß ganz Frankreich in schäumenden Aufruhr geriet; das Gesetz mußte sofort zurückgenommen werden. John Law konnte sich durch heimliche Flucht retten.

Wie Gaettens in seinem interessanten Buch »Inflationen ...« schreibt, kann man John Law nicht, wie zeitgenössische Flugblätter und Spottmedaillen ihn hinstellten, als einen Gaukler und Narren betrachten. Law habe im Grunde genommen für absolut gesunde soziale Ideen gekämpft. In der Tat ist das, was er anstrebte, mit Hilfe des Papiergeldes einen geschmeidigen Geldumlauf zu schaffen, den Kredit zu verbilligen, Handel, Gewerbe und Manufakturen zu fördern, eine großartige volkswirtschaftliche Konzeption gewesen. Zu seiner Zeit hatte man indessen noch gar keine Erfahrung und insbesondere noch keine Vorstellung davon, daß etwaige Fehler mit der Folgerichtigkeit naturgesetzlicher Vorgänge sich auswirken werden. Aber wem sagen wir das? – Haben wir nicht im zwanzigsten Jahrhundert noch ähnlich operiert? Immer wenn sich die Auswirkungen von Fehlern zeigen, werden auch gleich Sündenböcke gesucht. Als sich in Frankreich auf Grund der allzu reichlichen Notenausgabe der Kurs der Noten verschlechterte, wußte man nichts Klügeres als den ominösen Erlaß des Regenten, der die Konfiskation von Gold und Silber anordnete. Als Begründung dafür hieß es in diesem Edikt: »Trotz der von Sr. Majestät gehabten Fürsorge, einen leichteren Geldumlauf herzustellen, gehen Übelwollende darauf aus, das Vertrauen zu untergraben. Wir halten es deshalb zugunsten des Handels und Geldumlaufs für nötig, über diejenigen Strafen zu verhängen, die das Bargeld aufspeichern ...« – (s. a. a. O., S. 125).

Es hat nichts genutzt, das Edikt, denn es waren nicht Übelwollende, die das System erschütterten, sondern es war die Eigengesetzlichkeit des Geldwesens, die die Maßlosigkeit der Notenvermehrung unter die Strafe der Entwertung nahm.

DIE ASSIGNATEN – DAS GELD
DER REVOLUTION

Trotz des kläglichen Ausgangs, den die Theorie John Laws bei ihrer ersten praktischen Verwirklichung erfahren hat, sollte diese Theorie nach einem guten Menschenalter wieder Auferstehung feiern. In der Französischen Revolution wurde 1790 von der Nationalversammlung beschlossen, 400 Millionen Livres Assignaten auszugeben, Papiergeld, das durch den Landbesitz der vertriebenen Adligen und des Königs »gedeckt« sein sollte. Der Landgüter waren es aber in Frankreich sehr viele – und so wurden denn auch die Assignaten ganz unbedenklich »bei voller Deckung« entsprechend vermehrt. Im November 1794 waren es längst nicht mehr nur 400 Millionen, sondern es waren um 6 Milliarden mehr, also bereits 6,4 Milliarden Livres! Und danach stieg die Vermehrung noch rascher; im Juli 1795 waren es nicht weniger als 12 Milliarden Livres.

Für diese Assignaten hatte sich aber Mirabeau – wie man später sagte: wider besseres Wissen – sehr nachdrücklich eingesetzt:

»Es ist verfehlt [!], Assignaten, gesichert auf der besten Grundlage solcher Staatsgüter, mit gewöhnlichem, zwangsgültigem Papiergeld zu vergleichen [!]. Sie stellen wirkliches Grundeigentum, den sichersten Besitz von allem, dar, den Boden, auf dem wir alle stehen [!]. Warum ist denn eine Metallwährung wertbeständig? Weil sie auf Güter von wirklichem, dauerhaftem Wert gegründet ist, gerade wie der Boden, der mittelbar oder unmittelbar die Quelle aller Werte ist. Man sagt uns, das Papiergeld wird in Überzahl umlaufen und das Metall aus dem Umlauf vertreiben? – Von welchem Papiergeld spricht man da? Wenn von Papier ohne Deckung, gewiß, wenn von einem Geld, aufgebaut auf dem sicheren Grunde des Landbesitzes, keineswegs! … Es gibt keinen größeren Irrtum als die Furcht vor einer Überflutung mit Assignaten [!]. Nur so werdet Ihr Eure Schulden begleichen, Eure Truppen bezahlen, die Revolution vorwärts treiben! – Immer wieder aufgesaugt durch den fortschreitenden Verkauf der Nationalgüter, kann dieses Papiergeld nicht mehr überzählig werden, als die Feuchtigkeit der Luft übergroß werden kann, aus der der Regen herabfällt in Rinnen, Flüsse und Ströme, um sich zuletzt im ungeheuren Ozean zu verlieren« (s. Macleod: »Theory and Practice of Banking«, London 1858, vol. II, p. 343, zitiert aus Eisler: »Das Geld«, S. 250).

Wie man sieht, kam es also auch damals schon vor, daß dem Volk hartnäckig versichert wurde, die Vermehrung des Geldes sei völlig in Ordnung und es bestehe nicht der geringste Anlaß zur Sorge; – und währenddessen arbeiteten die Druckmaschinen, und die papierenen Reichtümer stiegen in die Milliarden.

Da diese außerordentliche Geldvermehrung die Preise steigerte, stiegen auch die Preise der Landgüter mit, so daß hinsichtlich der Deckung auch nach dieser Seite hin für die weitere Geldvermehrung immer Spielraum genug blieb! Aber sechs Jahre nach der Einführung der Assignaten bekam man für 100 Livres nur noch soviel Brot und Fleisch und gewerbliche Produkte wie vorher für ein Hundertstel dieser Summe. Das war die zweite Inflation mit Papiergeld. Die Revolution jedoch beeilte sich, noch eine dritte zu machen. Die Assignaten wurden 1796 eingezogen und im Verhältnis 30 : 1 gegen neue Zettel, die »Mandaten«, umgetauscht; doch auch diese wurden sofort so beträchtlich vermehrt, daß sie schon nach einem Vierteljahr nur 3 Prozent ihrer anfänglichen Kaufkraft hatten. Es war noch immer nicht begriffen worden, daß die Vermehrung es ist, die eine jede Sache, handle es sich um Korn oder Papiergeld oder um Gold, mit elementarer Selbstverständlichkeit zu dem Grad der Entwertung führt, der eben der vorausgegangenen Vermehrung entspricht.

Vielleicht ist es zuviel gesagt, wenn wir hier erklären, man habe die Zusammenhänge nicht begriffen; genau besehen hat es zu allen Zeiten kluge und aufrechte Männer gegeben, auf die man aber nicht hörte. Schon zu Zeiten der finanziellen Mißwirtschaft des Caracalla (211–217) hatte der Rechtsgelehrte Julius Paulus festgestellt, daß der Wert des Geldes mit zunehmender Menge abnimmt (I. Fisher: »Kaufkraft des Geldes«, S. 12). In Frankreich schrieb Jacques Necker, der letzte Finanzminister, der die Dinge noch in Ordnung zu bringen hoffte, dann aber 1789 von dem verblendeten König entlassen wurde, in seiner »Revolution Française« zur Assignatenwirtschaft folgendes:

»Der Kurs des Geldes, werdet Ihr sagen, ist vom Zufall abhängig, keine Regierung kann für den Kurs ihres Geldes Garantie leisten, den Spekulanten (banquiers) und Schiebern (agioteurs) müßt Ihr es zuschreiben, wenn der Kurs immer ungünstiger wird. Ihr Unwissende oder besonders Schlaue: Solche Sprüche könnt Ihr bei den Parisern anbringen, die ahnungslos genug sind, sie für bare Münze zu nehmen, die, von Euch dazu aufgewiegelt, die Schieber verfluchen und die Händler, welche die Ware verteuern. Nein, sage ich, der große Betrüger, der Erzbetrüger, der Betrüger ohnegleichen ist die französische Regierung selbst – sie vermehrt ins Ungewisse den Druck ihrer Assignaten, sie findet, daß deren Deckung immer noch genügend sei. Dabei weiß sie sehr wohl, daß der nominelle Wert der Deckung immer steigt mit dem Sinken des Kurses« (s. R. Eisler: »Das Geld«, S. 255).

Necker war aber nicht maßgebend; er hatte auch nicht die nötigen Ellenbogen. Was er erklärte, war in den Wind gesprochen; jetzt hatten andere Männer das Heft in der Hand, Männer, die von Haus aus keinen Sachverstand mitgebracht hatten – und im Rausch ihrer Revolutionsmacht gar nicht sahen, daß ihre Absichten und ihre Handlungen sich entgegenstanden.

Daß die erschreckende Unbeholfenheit im Umgang mit dem Gelde über ihre Folgen hinweg den Terror und Blutrausch der Revolution gesteigert haben muß, liegt in der Natur der Dinge. Die von den Machthabern verschuldete Preissteigerung auf allen Gebieten wurde den Bauern und Gewerbetreibenden, den Händlern und Produzenten zur Last gelegt. So taten denn die Gewalthaber, was ihrem beschränkten, rechthaberischen Sinn entsprach, sie befahlen, verordneten, machten Höchstpreise, Ablieferungszwang, steigerten die Strafen von Geldbußen zu Gefängnis, Pranger und Todesstrafe. – »Ich glaube, man muß die kaufmännische Aristokratie umbringen, wie man die des Adels und der Geistlichkeit umgebracht hat!« schreibt Buissart an Robespierre. Die Verblendeten erkennen nicht, daß das Geld seine eigene unerbittliche Logik hat und daß die Folgen der falschen Handlung sich mit stärkerer Macht durchsetzen als das Gesetz, das nur die Folgen, nicht aber die Ursachen verhindern will.

GELDZUFLUSS UND BEVÖLKERUNGS-VERMEHRUNG

Nach einer Untersuchung von Werner Sombart zählte Europa vom 6. Jahrhundert bis zum Beginn des 19. Jahrhunderts – volle 1200 Jahre lang – nie mehr als 180 Millionen Menschen. Vom Beginn des 19. Jahrhunderts an nahm jedoch die Bevölkerung dieses Erdteils trotz der Kriege und einer beträchtlichen Auswanderung bis zum Jahre 1914 um 280 Millionen Menschen zu, so daß es jetzt 460 Millionen Einwohner waren.

Als Mirabeau der Ältere einige Jahrzehnte vor der Französischen Revolution mit François Quesnay über den Weg zum Reichtum debattierte und dabei die Bevölkerungsvermehrung an den Anfang aller Politik stellen wollte, weil der Reichtum nämlich von der Arbeit komme und die Arbeit vieler Hände bedürfe, forderte ihn sein geistvoller Gesprächspartner auf, doch zunächst einmal den Menschen die gleiche Ehre anzutun wie den Schafen: um diese zu vermehren, beginne man nämlich mit der Schaffung der Weideplätze. Genau so müsse auch für den Menschen erst die Versorgung mit den notwendigen Lebensgütern dasein oder geschaffen werden.

Hierin liegt wohl in der Tat das Geheimnis der außerordentlichen Bevölkerungsvermehrung in Europa. Der seit der Entdeckung Amerikas anhaltende Geldzufluß hat die nachhaltige Entfaltung der Arbeitsteilung bis zur industriellen Produktion der Neuzeit bewirkt. Diese Förderung von Handel und Gewerbe aber hat die Ergiebigkeit der Arbeit gesteigert und damit den Lebensraum der Versorgungsmöglichkeiten auf der unveränderten Bodenfläche Europas erweitert. Der Mensch lebt ja nicht vom Brot allein, und die Erzeugungsmöglichkeiten von Brot und Nahrung sind in Europa heute noch nicht einmal ausgeschöpft, geschweige denn, daß sie es je einmal waren.

Was die Arbeitsteilung und die Geldwirtschaft anbelangt, ist der Ablauf der Dinge in der Gesetzlichkeit von Ursache und Wirkung freilich auch jetzt noch so wie zu den Zeiten der Römer. Die antike

Welt blühte auf an ihren Edelmetallzufuhren, und sie geriet in die Krise ihrer Existenz beim Abfluß des Geldes. An diesem Punkt blieb denn auch die Welt der Neuzeit gefährdet. Zunächst freilich war der Goldzufluß aus Amerika noch keineswegs erschöpft. Aber er kam unregelmäßig; und in den Zeiten des Rückganges oder der Stagnation entstanden Krisen. Die Schrumpfung des Absatzes zwang dazu, die Erzeugung einzuschränken, und nun waren die Menschen, die den Reichtum schaffen und doch auch verbrauchen könnten, plötzlich überflüssig. Malthus entwickelte seine Theorie von der drohenden Übervölkerung. Die Natur habe nicht für alle ein Gedeck an der Tafel des Lebens aufgelegt. Mit der Zunahme der überseeischen Goldfunde besserte sich aber die Wirtschaftslage wieder, und die Angst vor der Übervölkerung wurde wieder gegenstandslos, der Alpdruck schwand.

Inzwischen hatten sich die nordamerikanischen Kolonien, während die europäischen Großmächte sich noch gegenseitig Kriege lieferten, selbständig gemacht.

Frankreich war nach dem Zusammenbruch der Assignatenwirtschaft finanziell in erklärlicher Bedrängnis. Es kehrte dann aber wieder zum Metallgeld zurück, was nach Macleod durch das Wiedererscheinen versteckten Bargeldes unterstützt wurde. Die große Erholung allerdings kam ähnlich zustande wie einst bei den Römern: Die napoleonischen Kriege brachten viel Geld als Beute ein.

In seinem Werk »Das Zeitalter der Revolution, des Kaiserreichs und der Befreiungskriege« zitiert Oncken aus den Briefen Napoleons: »Zwei Millionen in Gold sind mit der Post unterwegs nach Paris; gebt Befehl, sie von Lyon aus geleiten zu lassen. Der Finanzminister kann für 4 oder 5 Millionen Wechsel ziehen, die pünktlich bezahlt werden sollen ...« (s. a. a. O., S. 793 ff.).

»... in Tortona lasse ich alles Silberzeug und die Juwelen sammeln, die ich Euch über Chambéry nach Paris senden werde; ich hoffe, daß diese Sendung allein 5–6 Millionen Livres abwerfen wird. Ich werde im gleichen Betrag gemünztes Geld hinzufügen und unmittelbar alles folgen lassen, was man zusammenbringen kann. Außer dem Hanf, der schon abgegangen ist, wird solcher weiterhin im Wert von einer Million folgen, den ich auf die zwei Millionen von Bologna und auf die drei Millionen von Ferrara eingefordert habe. Von den 5 500 000 Livres, die uns der Papst geben soll, lasse ich vier Millionen dem Minister der Marine. Die Kunstkommissare, die Ihr mir geschickt habt, führen sich gut auf und sind fleißig im Geschäft. Sie haben weggeführt: 15 Gemälde in Parma, 20 in Modena, 25 in Mailand, 40 in Bologna, 10 in Ferrara, zusammen 110 Gemälde. Diese Gelehrten haben außerdem in Pavia eine überreiche Ernte gemacht« (s. a. a. O., S. 710).

Hier sehen wir, daß in der neueren Zeit zwar auch schon Rohstoffe und Kunstschätze zur Kriegsbeute gehörten, die Edelmetalle Gold und Silber als Währungsmetall aber immer noch das Wichtigste waren, was der Eroberer außer dem Landgewinn und dem Machtzuwachs begehrte.

Nach den napoleonischen Kriegen und den Befreiungskriegen verlegt sich die Welt etwas mehr von der Eroberungspolitik auf die Handelspolitik. Aber Kampf um das Gold ist auch diese Handelspolitik, dieser Handelskrieg immer noch. Die überlegenen Handelsvölker heben freilich die Idee des Freihandels auf den Schild; die anderen aber, die dabei zu kurz kommen, entwickeln demgegenüber die Idee und die Praxis des Schutzzolles, vornehmlich in der ersten Hälfte des 19. Jahrhunderts. Immer scheint das Gesetz des Handelns vom Gelde her diktiert zu sein. In Amerika, der »reichsten Schatzkammer der Welt«, wie Lincoln die Union nannte, stiegen nach dem Rückgang der Goldfunde, die im Durchschnitt der Jahre 1810/20 nur noch auf 11 500 kg gekommen waren, die Funde im fünften Jahrzehnt auf fast 55 000 kg und im sechsten Jahrzehnt auf 200 000 kg!

Neue Goldfelder in Kalifornien stellten alles bisher Dagewesene in den Schatten, und die goldhungrige Welt bekam wieder ihren Auftrieb. Von 1850 bis 1860 förderte Amerika fast soviel Gold, wie die vorausgegangenen 250 Jahre von 1600 bis 1850 zusammen erbracht hatten. Doch von 1870 bis 1890 trat wieder eine Erschöpfung mit der dazugehörigen Krise ein; und wenn Moltke damals sagte, es sei nicht mehr der Ehrgeiz der Fürsten, sondern »das Unbehagen über einen Zustand«, das in der neueren Zeit den Frieden gefährde, so kann dieses Wort nur so verstanden werden, daß die Krisen der Wirtschaft von innen her die Daseinsbedingungen der Völker zerrütten und damit den Kampf ums Dasein, der sich normalerweise im friedlichen Wettbewerb abspielt, in die Härten blutiger Auseinandersetzungen hineinzwingen. – Noch einmal bessert sich die Lage zu Anfang des 20. Jahrhunderts: Transvaal gelangt an die Spitze der Goldproduzenten. Seine Erträge lagen im Jahre 1916 um 70 Prozent höher als die vormaligen Förderungen von Kalifornien.

Es mag sein und liegt in der Natur der Sache, daß die Wirkungen, die vom Gelde ausgehen, seien sie nun Fluch oder Segen, nicht von jedermann wahrgenommen werden – jedenfalls nicht als Auswirkungen des Geldwesens. Zu riesenhaft ist der Bogen, der über unsere Häupter hinweg die kausalen Zusammenhänge herstellt. Und obwohl auch unsere Welt noch immer mittendrin steht in der Alternative »Eroberung oder Handel«, nehmen wir die Dinge, so wie sie sind, immer erst aus der Ferne eines sehr weiten Abstandes wahr.

VOM KAMPF UMS GOLD
ZUM ERSTEN WELTKRIEG UND
ZUR INFLATION

Nach 1870/71 hat Deutschland, das von Frankreich 4 Milliarden Goldmark Kriegsentschädigung erhalten und damit im neuen Kaiserreich die Goldwährung eingeführt hatte, die Methode des Handels gewählt, um sich mit dem Fleiß und der gewerblichen Tüchtigkeit seiner Bevölkerung in der Welt durchzusetzen. Aber dieser Handel, soweit er um eine »aktive Handelsbilanz«, um Gold und nicht um gleichwertigen Güteraustausch geht, ist ebenfalls Kampf. So ist es zu verstehen, was »The Saturday Review« 1897 schrieb:

»… England mit seiner langen Geschichte erfolgreicher Aggression, mit seiner Überzeugung, daß es in Verfolgung seiner eigenen Interessen Licht an die im Dunkeln lebenden Nationen spendet, und Deutschland, Bein von seinem Bein, Blut von seinem Blut, mit einer geringeren Willenskraft, aber vielleicht mit einer schärferen Intelligenz, konkurrieren in jeder Ecke der Welt. In Transvaal, am Kap, in Zentralafrika, in Indien und im Osten, auf den Inseln der Südsee und im fernen Nordwesten – überall – und wo nicht? – Die Flagge ist der Bibel gefolgt, und der Handel folgt der Flagge; hier kämpft der deutsche Bannerträger mit dem englischen Händler. Ist irgendwo eine Mine auszubeuten, eine Eisenbahn zu bauen, ein Eingeborener von Brotfrucht zum Büchsenfleisch zu bekehren, von Enthaltsamkeit zum Schnaps, der Deutsche und der Engländer kämpfen, der erste zu sein. Eine Million kleine Auseinandersetzungen bauen den größten Grund zum Kriege auf, den die Welt je gesehen hat. Wenn Deutschland morgen ausgelöscht würde, würde übermorgen auf der ganzen Welt kein Engländer sein, der nicht reicher wäre. Nationen haben jahrelang wegen einer Stadt gekämpft oder wegen eines Erbrechts; müssen sie nicht kämpfen um zweihundertfünfzig Millionen Pfund jährlichen Handelsumsatzes?«

Nach knapp zwei Jahrzehnten war der Weltkrieg im Gange – und um nichts anderes als um die Konkurrenz auf dem Weltmarkt drehte sich dieses Ringen. Aber als dieser Krieg seinem Ende zuging, war die alte Ordnung unserer Welt selbst Geschichte geworden. Gesiegt hatte überdies nicht England, gesiegt hatte das Gold, das mit dem Schwerpunkt seiner Macht während dieses Krieges in die Neue Welt zurückgekehrt war, von der es einstmals herkam. Wer die Geschichte dieses Ersten Weltkrieges und die Memoiren der Diplomaten liest, wird freilich seinen Blick auf vordergründige Dinge, Gestalten und Ereignisse hingelenkt finden, und er wird nichts von dem bemerken, was sich – für die Zukunft wesentlicher und wichtiger – im Hintergrunde abspielte.

Vier Jahre lang haben die ringenden Mächte kriegswichtige Güter und Materialien erst gegen Zahlung in Gold und dann auf Kredit aus Übersee bezogen. Und nach der Beendigung des Krieges wurden die aufgelaufenen Schuldverpflichtungen ausdrücklich als in Gold rückzahlbar fixiert. »Kein größerer Akt der Torheit ist jemals verübt worden«, erklärt Arthur Kitson 1929 in London, »als der durch die Koalitionsregierung des Mr. Lloyd George, welche die Vorschläge der Cunliffe-Geld-Kommission annahm, die diese von den Wall-Street-Bankiers mitgebracht hatte. Da das Gold den Handel der Welt beherrscht, so folgt daraus, daß das Volk, das die Weltgoldvorräte beherrscht, die höchste Macht über den Handel und die Industrien der Welt ausübt. Die Totalsumme an Gold, die für Münzzwecke verfügbar ist, wird auf 2 Milliarden Pfund Sterling (= 40 Milliarden Goldmark) geschätzt, die Goldschulden der Welt werden aber auf mehr als 40 Milliarden Pfund Sterling (= 800 Milliarden Goldmark) geschätzt – das ist zwanzigmal mehr als der ganze Weltvorrat! Die totale Zinssumme, die jährlich auf diese verschiedenen Schulden zu bezahlen ist, würde, in Gold bezahlt, den ganzen Goldvorrat erfordern. Das Resultat ist die vollständige Versklavung der Produktivkräfte der Welt an die Geldmacht …«

Die Macht des Goldes erfordert nicht, daß es im Besitze einer Nation verbleibt; die Macht beruht vielmehr gerade darauf, daß andere daran teilhaben, daß sie der Lockung erliegen, daß ein Bedürfnis geweckt wird, das sich steigern läßt und nie befriedigt wird. – Wenige Jahre nach dem großen Krieg war dieser Zustand wieder hergestellt.

Allein in Europa hatten 27 Nationen sich wieder dem Golde gebeugt. Mit dem Papiergeld hatte schließlich die Neuzeit noch hemmungsloser gewirtschaftet als John Law, der klassische Inflationist, und auch hemmungsloser als die Französische Revolution. Als die Zettel der Französischen Revolution eingezogen wurden, hatten sie immerhin noch rund ein Viertausenstel ihres ursprünglichen Wertes, während die Mark der deutschen Inflation anno 1923 auf ein Billionstel zusammengeschrumpft war. Diese groteske Entwertung war sogar technisch weniger durch den Gebrauch von Papier als durch den Gebrauch von Nullen ermöglicht.

Im Sommer 1923 erforderte die Geldscheinproduktion der Reichsbank 50 Großdruckereien im Reich, die in Tag- und Nachtschichten Noten druckten. Mehrfach waren die Scheine, zu dem Zeitpunkt, da sie an den Schaltern ausgegeben werden sollten, schon nichts mehr wert. Die letzte Note hatte schließlich einen »Nennwert« von 100 Billionen Mark. Außerdem waren noch mehr als 100 Druckereien mit der Herstellung von Notgeld der Industrie, der Banken und der Gemeinden beschäftigt. Mancherorts klammerte man sich an irgendeinen bescheidenen Sachwert; da gab es Bielefelder Seidenscheine, Leinenscheine mit Spitzenborte, fein säuberlich als Geld bedruckt, Aluminiumscheine, Sohlengeld, Osterwiecker Glacelederscheine, Allgäuer Milchgeld, Geldscheine aus Sperrholz, Münzen aus Pappe und aus Ton.

Wenn man die Billion Papiermark, die im November 1923 eine einzige Rentenmark aufwogen, in der Inflation auf Einzelscheine gedruckt hätte, würde das Papier hierzu rund 4000 Eisenbahnwaggons gefüllt haben! – Kein Wunder, daß die Rückkehr zum Golde nach diesem Taumel von Papier und Nullen den Menschen wie eine Erlösung erscheinen mußte.

ZURÜCK ZUM ALTEN SPIEL

Doch mit der Rückkehr zum Golde konnte nun nach dem Abschluß des Waffenkrieges der Handelskrieg wieder beginnen. Alle diese Völker waren jetzt erneut auf eine aktive Handelsbilanz angewiesen. Sie hatten die nationale Zirkulation von Gütern und Leistungen vom Vorhandensein eines Goldschatzes abhängig gemacht und zugleich Bedingungen akzeptiert, die die Möglichkeit zum Inhalt hatten, daß ihnen diese Währungsgrundlage jederzeit innerhalb kürzester Frist weggenommen werden konnte. So wie es einstmals die Politik Colberts war, »das Geld im Lande zu halten, dasjenige, welches hinausgeht, wieder hereinzubringen und die fremden Staaten immer in dem Geldmangel zu erhalten, darinnen sie sind«, so war es jetzt auch im 20. Jahrhundert die allseitig betriebene Politik des unblutigen Handelskrieges, so zu verfahren. Daß sich alle diese Bemühungen gegenseitig blockieren mußten, dürfte sehr leicht einzusehen sein; aber in Angelegenheiten, in denen man glaubt, es komme nur darauf an, für sich selbst den Sieg einzubringen, wird derartiges kaum bedacht. So war der Kampf um das Gold in der modernen Welt genau noch derselbe wie vor Jahrhunderten; Sieg in diesem Handelskrieg hieß einfach »Prosperity«, und die Niederlage bestand in Arbeitslosigkeit, Krise, Hunger und Not.

Deutschland – anno 1924 wieder zur Goldwährung zurückgekehrt – war in diesen Jahren bekanntlich mit den politischen Verbindlichkeiten der Reparationen belastet, die jährlich ansteigend 1500 bis 2500 Millionen Goldmark erforderten. Darüber hinaus hatte dieses Deutschland, um seine innere Wirtschaft mit goldgedecktem Gelde in Funktion bringen zu können, mehr und mehr private Auslandsschulden aufgenommen und war so zu einem der größten Schuldner der Vereinigten Staaten geworden. Der Zinsendienst für die unpolitischen Schulden erforderte 5 Jahre nach der Rückkehr zum Golde bereits annähernd dieselben Beträge zusätzlich, die auf die Reparationszahlungen entfielen!

Deutschland war aber der größte Industriestaat Europas, der am dringendsten der Vollbeschäftigung seiner Menschen bedurfte. Dieses wiederum setzt – im 20. Jahrhundert genauso wie im Mittelalter oder im klassischen Altertum – eine ausreichende Geldversorgung und eine funktionierende Zirkulation voraus, beides Faktoren, über die keine deutsche Regierung irgendwelche Macht hatte.

Durch die Kettung an das Gold wird Deutschland in die Weltwirtschaftskrise 1929–1932 hineingerissen. Empfangene Kredite müssen in Gold zurückgezahlt werden. Allein vom Januar bis April 1929 muß die Reichsbank für 1 Milliarde Reichsmark Gold abgeben; das sind gewichtsmäßig 360 Tonnen reinen Goldes! Nach dem in den internationalen Verträgen, vor allem im Young-Plan, verankerten Goldwährungsgesetz mußte aber der deutsche Zahlungsmittelumlauf mit 40 Prozent in Gold und Devisen gedeckt sein. Der Verlust des Goldes löste also die Deckung von 2,5 Milliarden Reichsmark auf und zwang die Notenbank zu sogenannten »Kreditrestriktionen« – eine Vokabel, die zwar nicht im Wortschatz der Geschichtsschreiber vorkommt, die aber Absatzstockungen, Produktionsdrosselung, Konkurse und Zusammenbrüche und sieben Millionen Arbeitslose bedeutete!

Nachdem im Jahre 1930 gerade erst der Young-Plan – mit der definitiven Verpflichtung Deutschlands auf die Goldwährung und der verbindlichen Festlegung der jährlichen Reparationszahlungen – in Kraft getreten war, war es schon im Sommer 1931 zur großen deutschen Geldkrise gekommen. Zu Tausenden standen die Menschen vor den geschlossenen Bankschaltern. Ohne Geld gerät eben das ganze komplizierte Räderwerk der arbeitsteiligen Wirtschaft ins Stocken. Aber wiederum war es nicht viel anders als zu Zeiten der Französischen Revolution, nur die Umstände waren andere. Was sich gleichgeblieben war, war dies: daß die verständigen Sachkenner, die die Gefahr kommen sahen, nicht zu Wort kamen – weil die anderen das Heft in der Hand hatten.

Sicherlich ist das moderne Geldwesen komplizierter als das Prägen von Silberdenaren und Brakteaten. Wenn man große Schulden wie etwa die Reparationszahlungen von 1500 bis etwas über 2500 Millionen Reichsmark in der Geldrechnung ausdrückt, dann können Veränderungen des Geldwertes gewichtiger werden als Veränderungen des Nominalbetrages. In der »Handelszeitung« des »Berliner Tageblatts« schrieb Dr. Felix Pinner am 6. Dezember 1930, daß die Annuitäten des Young-Planes nun ganz von selber um 30 Prozent schwerer geworden seien. Gewiß muten die Zahlen von damals, an den heutigen Ziffern gemessen, fast wie Bagatellen an. Es ging aber im Grunde genommen auch gar nicht um die Zahlen – wenn das Geld in der Geschichte eine Rolle spielt, passieren die wichtigeren Dinge hinter den Kulissen. So war es auch in den Pariser Young-Plan-Verhandlungen (was damals sicher nur wenige weitsichtige Beobachter bemerkten) lediglich eine Art Spiegelfechterei, um die Höhe der jährlichen Annuitäten und Besatzungskosten zu feilschen. Wichtiger war die grundsätzliche und endgültige Festlegung auf das Gold, denn mit der vor der Tür stehenden Weltkrise, die sich in den Vereinigten Staaten schon 1928/29 angezeigt hatte, stand die Wertsteigerung des Goldes in Aussicht. Nachdem der Knoten geschürzt war auf deutscher Seite von Dr. Hjalmar Schacht als dem federführenden Mitglied der deutschen Delegation, gingen freilich den Sachverständigen der zweiten und dritten Garnitur auch die Augen auf. Jetzt war es aber zu spät. Doch jetzt konnte man in dem gleichen »Berliner Tageblatt« auch lesen, daß Deutschland unter dem zunehmenden Druck der Reparationen mit der Krise rechnen müsse. Das sei kein Zufall mehr, das sei kausaler Zusammenhang.

»Weshalb ist letztes Endes die Restriktion der Wirtschaftskredite notwendig geworden? Der letzte auslösende Anlaß war, daß die Währung infolge der Abziehung großer Teile der Deckungsmittel des Notenumlaufes aus der Reichsbank einen Schutz verlangte [!]. Die Reichsbank konnte unter dem Zwang des Bankgesetzes, dem sie gehorchen mußte [und das mit dem Young-Plan auf diesen Sinn hin geändert worden war! d. V.] gar nichts anderes tun, als ihren Notenumlauf durch starke Kontraktion ihrer Kredite den verringerten Deckungsmitteln anzupassen … Im äußersten Notfall würde ihr nichts anderes übrigbleiben, als die Währungskrise auf die Wirtschaft abzuleiten, selbst auf die Gefahr hin, daß eine schwere Wirtschaftskrise entstünde.«

Es ist ganz selbstverständlich, daß niemand voraussehen konnte, wie fürchterlich die Folgen sein würden, die sich aus der falschen Geldpolitik nachher ergeben haben. Da hörte alle Phantasie auf. Und doch, wer auch nur eine Spur wirtschaftsgeschichtlicher Kenntnisse besessen hat, der mußte doch wenigstens die große Linie der gefährlichen Entwicklung sehen, wenn der Welthandel zerstört und mit der Drosselung der industriellen Produktion die Existenz eines 70-Millionen-Volkes bedroht wurde; denn wer diese Dinge sah und die geschichtlichen Lehren nicht als tote Vergangenheit nahm, der konnte sich darauf verlassen:

Es ist immer noch richtig, was John Locke einstmals erklärte: »Es gibt nur zwei Wege ... Eroberung oder Handel.« Jetzt aber, wo der Handel versagt hat, wo alle Bemühungen um die Steigerung der Ausfuhr in dem zusammengebrochenen weltwirtschaftlichen Leistungsaustausch umsonst sind, jetzt kommt ein Mann, der nicht mehr vom Handel spricht, wohl aber von »Eroberung«. – Es geht ihm zwar nicht um die Eroberung von Gold – um diese für nötig zu halten, muß man der Meinung sein, es bedürfe des Goldes, um Brot und Rohstoffe zu erlangen und die Produkte der nationalen Volkswirtschaft umzusetzen –, es geht ihm nur um die Eroberung von Land, von Brot und Rohstoffen. Und dieser Mann findet Gehör und formiert seine Armeen – und macht Geschichte. Es ist eine düstere Geschichte. Die Historiker werden hinterher der Auffassung sein, dieser Mensch Adolf Hitler habe das alles verschuldet, was mit seinem Erscheinen über die Welt hereingebrochen ist. Und doch hat auch bei diesem Kapitel Geschichte das Geld seine Rolle gespielt. Und es spielt sie weiter. Und wir merken es nicht.

FAZIT

Oswald Spengler wirft irgendwo in seinem Werk »Der Untergang des Abendlandes« die Frage auf: »Darf man irgendeine Gruppe von Tatsachen sozialer, religiöser, physiologischer, ethischer Natur als Ursache einer anderen setzen?«

Wir glauben, daß man das darf – denn die Verneinung führt einfach zum Nihilismus. Außerdem wird derartiges auch stets mit dem Vorbehalt der Bestätigung durch weitere Erfahrung geschehen müssen. Wenn auch weiterhin auf gleichartige Ursachen die erwarteten Vorgänge folgen, liegen keine Gründe vor, an dem kausalen Zusammenhang zu zweifeln.

In unseren vorliegenden Betrachtungen haben wir unser Augenmerk zunächst auf die Zusammenhänge zwischen Geldwesen und Kulturentwicklung gerichtet. Wir wollen die Entwicklung des Geldwesens zwar nicht allzu eng als ausschließliche »Ursache« für Blüte oder Niedergang der Kulturen ansehen, wohl aber als immerhin mitentscheidende Vorbedingung. In der innigen Verwobenheit des Ganzen hat auch die Entfaltung der Geldwirtschaft ihre Vorbedingungen, wiederum nicht eine einzelne und einzige Ursache, sondern vielleicht ein ganzes Bündel davon.

Vor einiger Zeit hat die soziologische Abteilung der Harvard-Universität eine eingehende geschichtliche Untersuchung darüber angestellt, welches die harmonischste und glücklichste Epoche der Menschheit gewesen sein mag. Die Untersuchung erbrachte das Ergebnis: das frühe Mittelalter, das 13. Jahrhundert, das Zeitalter der Gotik! – Und diese Untersuchung stellt nicht nur Tatsachen fest, sondern sie geht mit wissenschaftlicher Strenge den kausalen Zusammenhängen nach und kommt auch in dieser Frage zu dem Ergebnis, daß die Wirtschaftsblüte des Mittelalters durch die eigenartige Münzordnung dieser Jahrhunderte, durch die »Renovatio monetarum«, zustande gekommen sei.

Nun mag es freilich bei flüchtigem Rückblick auf die Geschichte und auf die Wirtschaftsgeschichte naheliegen, die Frage aufzuwerfen, ob es denn überhaupt etwas besonders Staunenswertes und Anerkennungswürdiges zu bedeuten hat, wenn es im Mittelalter eine Periode der Wirtschaftsblüte gab. Erstens, so könnte man argumentieren, gab es damals noch nicht so viele Menschen, und zweitens gab es keine industrielle Produktion mit Maschinenkraft und Motoren.

Eine solche Betrachtung trifft aber nicht den Kern der Sache. Wirtschaftsblüte und Volkswohlstand sind keineswegs von geringerer Menschenzahl und unentwickelter Technik abhängig. Zwölf Jahrhunderte früher als unsere mittelalterliche Konjunktur war die Zahl der Menschen im ganzen noch weit geringer und die Technik noch weniger entwickelt; und dennoch hatte das alte Rom unter Cäsar und dem Kaiser Augustus 320 000 Proletarier zu speisen und mit öffentlichen Spielen zu ergötzen, damit kein Aufruhr ausbreche.

Wenn die Beschäftigung mit der Geschichte einen Sinn hat, so ist es zweifellos der: aus der Geschichte zu lernen, aus den Erfahrungen der Vergangenheit im Positiven wie im Negativen die Folgerungen für unser eigenes Handeln zu ziehen. Aus dem Abstand von Jahrhunderten gesehen, wird gewiß manches wesenlos, was in Wirklichkeit von Gewicht war; und anderes erscheint in einer Verklärung oder Finsternis, die der Sache vielleicht nicht zukäme. Verkennen wir also nicht: Die Erde war noch nie ein Paradies, die Menschen haben zu allen Zeiten in Unzulänglichkeiten und Leidenschaften, in Wahn und Fanatismus wider den Sinn ihres Daseins gesündigt, und sie haben zu allen Zeiten in Größe und Begeisterungsfähigkeit, in Glaubensstärke und Edelmut Beispielhaftes vollbracht!

Wir können also im Buch der Geschichte diese oder jene Seite aufschlagen; wir können Positives oder Negatives zusammentragen und können aus dem einen wie aus dem anderen Resultat unsere Schlüsse ziehen. Besser ist es indessen, die Dinge mit Licht- und Schattenseiten zu betrachten, denn dies erst ergibt ja doch die wahre Wirklichkeit. Die Wirklichkeit so zu sehen, wie sie ist, oder wie sie war, das ergibt schließlich auch die Grundlagen verläßlicher Einsichten.

Nehmen wir an, unsere hier gewonnenen Einsichten seien auch nur in groben Umrissen richtig, nehmen wir an, die Funktionen des Geldes seien in der Tat eine wesentliche Vorbedingung für die Entwicklung der Kulturen, so wesentlich, daß Blüte und Verfall davon bestimmt werden, dann sind damit sehr bedeutungsvolle und nicht nur für die Geschichtsbetrachtung wichtige Zusammenhänge offenkundig geworden. Daß wir von diesen Erkenntnissen aus – auf der Ebene praktischer Folgerungen weitergedacht – zu einer modernen »Renovatio monetarum« kommen müßten, braucht hier nicht weiter verfolgt zu werden; das ist eine Sache der Volkswirtschaftler und im übrigen eine Konzeption, die selber bereits ihre Geschichte hat.

Eine weitere Lehre, die wir aus dem Rückblick auf die Geschichte ziehen könnten, betrifft das Verhältnis des Individuums zur Gesellschaft. Während sich die moderne Zeit außerordentlich tief in den Wahn hineingebohrt hat, jegliche Wandlung, Neuerung und Besserung in den gegenseitigen Beziehungen der Menschen untereinander bedürfe vorausgehender politischer Willensentscheidungen – die indessen an der Vielfalt der Meinungen, Bestrebungen und Interessen in der Regel zu scheitern pflegen oder nur verstümmelt über diese Hürde kommen –, hat der Mensch in früheren Zeiten im Rahmen der gegebenen Zustände seine Angelegenheiten mit natürlicher Selbstverständlichkeit in die eigene Hand genommen. Der freie Zusammenschluß der fahrenden Kaufleute und ihre eigene Organisationskunst – nicht der Appell an die Obrigkeit, solche Regelungen anzuordnen! – hat die Hanse zu Größe und Weltgeltung geführt. Sicherlich wäre es auch heute noch leichter, aus mancher Verfahrenheit unserer sozialen Probleme herauszukommen, wenn der Mensch, anstatt sich in fruchtlosen Forderungen an die Allgemeinheit zu ergehen, die eigene Sache mit etwas Selbstvertrauen zur eigenen Kraft selber oder in freiwilliger Gemeinschaft in die eigene Hand nähme. Es wäre vermutlich nicht einmal so schwierig, wie es im 13. Jahrhundert gewesen sein mag.

Zuletzt freilich wollen wir uns auch dessen bewußt bleiben, daß eine echte Kultur eine geistige Wurzel hat. Die soziale Gesundung wird zur Kultur der Zukunft gehören, ohne sie gibt es keine Kultur. Dennoch dürften die äußerlichen Dinge nicht allesbeherrschend im Vordergrund stehen. Die Angelegenheiten von Ernährung, Kleidung, Wohnung, Wirtschaft, Geld, Technik, Kunst usw. sind gewiß wichtig, aber sie sind nicht einzig, und wir dürfen sie nicht überschätzen und keines ohne den Blick auf das Ganze in seinen Zusammenhang einordnen. Die richtige Haltung dem Ganzen gegenüber führt mit fast natürlicher Folgerichtigkeit auch zu den richtigen Entscheidungen im Besonderen, in den Teilfragen. Der Mensch der Gotik, der völlig in der Ordnung des Ganzen lebte, hat buchstäblich erfahren, daß ihm »alles andere hinzugegeben wurde«.

Doch wo geistige Klärungen und vielleicht Wandlungen notwendig sind, da bedarf es der Zeit des Besinnens und Reifens, da gibt es keine schlagartigen Wendungen, die die Zustände spontan verändern. Was echt und zukunftsträchtig ist, kann nur nach dem Gesetz organischen Werdens wachsen und sich ausbreiten; in dieser Hinsicht ist unsere Welt vermutlich nicht anders als die Welt unserer Ahnen. Und wenn es den heute Lebenden und Wirkenden nur noch gelingen sollte, in der Verworrenheit unseres Daseins Inseln der Ordnung zu schaffen, so wäre damit schon genug getan. Das Zusammenwachsen zu einem großen Ganzen ergibt sich von selbst, wenn der einende Geist das Werdende von Anfang an bestimmt und führt.

LITERATURVERZEICHNIS

Buchenau, Prof. Dr. Heinrich: Grundriß der Münzkunde, B. G. Teubner, Leipzig-Berlin 1920.

Damaschke, Adolf: Geschichte der Nationalökonomie. Gustav Fischer, Jena 1909.

Dehio, Georg: Das Straßburger Münster. R. Piper & Co., München 1922.

Deri, Max: Die Stilarten. Deutsches Verlagshaus Bong & Co., Berlin-Leipzig 1933.

Ebengreuth, Luschin v.: Allgemeine Münzkunde und Geldgeschichte des Mittelalters. 1926.

Ebengreuth, Luschin v.: Grundriß der Münzkunde. Verlag Teubner, Leipzig-Berlin 1918.

Eisler, Robert: Das Geld seine geschichtliche Entstehung und gesellschaftliche Bedeutung. Verlag der Diatypie GmbH, München 1924.

Endres, Franz Carl: Das Erbe unserer Ahnen. Stuttgarter Verlags-Institut, Stuttgart 1931.

Fack, Dr. Hugo: The Gotik; Free Economy Publishing, San Antonio, Texas, USA. Farbenfenster großer Kathedralen. Iris-Verlag, Laupen (Bern).

Federau, Dr. Fritz: Die deutsche Geldwirtschaft. Walter de Gruyter & Co., Berlin 1949.

Freytag, Gustav: Bilder aus deutscher Vergangenheit. Verlag Th. Knaur Nachf., Berlin 1927.

Fuchs, Eduard: Illustrierte Sittengeschichte. Verlag Albert Langen, München 1909.

Gaettens, Richard: Inflationen. Das Drama der Geldentwertungen vom Altertum bis zur Gegenwart. Richard Pflaum Verlag, München 1955.

Gesell, Silvio: Die Natürliche Wirtschafts-Ordnung. Rudolf Zitzmann Verlag, Lauf 1949.

Gramberg, W., u. G. Hatz: Das Buch vom Geld. Urbes-Verlag, Hamburg 1957.

Hauser, Arnold: Sozialgeschichte der mittelalterlichen Kunst. Rowohlt, Hamburg 1957.

Helfferich, Karl: Das Geld. Verlag G. H. Hirschfeld, Leipzig 1923.

Hering, Ernst: Die deutsche Hanse. Wilh. Goldmann Verlag, Leipzig 1942.

Hirmer, Max: Die schönsten Griechenmünzen Siziliens. Insel-Bücherei Nr. 559.

Hölscher, Georg: Das Buch vom Rhein. Verlag Hoursch & Bechstedt, Köln 1924.

Jantzen, Hans: Kunst der Gotik. Rowohlt, Hamburg 1957.

Knaurs Kostümbuch in Farben. Droemersche Verlagsanstalt, Th. Knaur, München 1956.

Kulischer: Allgemeine Wirtschaftsgeschichte des Mittelalters und der Neuen Zeit. München 1928.

Lang, Johannes: Welt, Mensch und Gott. Weltbild-Verlag, Frankfurt a. M.

Lange, Kurt: Charaktertöpfe der Weltgeschichte. Münzbildnisse aus zwei Jahrtausenden. R. Piper & Co., München 1949.

Marx, Karl: Das Kapital. Verlag J. H. W. Dietz Nachf., Berlin 1947.

Menzner-Flocken: Kaufkraft und Zeitgeschehen. Verlag Franz Arbogast, Otterbach 1958.

Morus: Eine Weltgeschichte der Sexualität. Rowohlt, Hamburg 1956.

Mühlfenzl, Rudolf: Interview mit dem Gelde. Merkator-Verlag, München 1958.

Müller-Lyer: Phasen der Kultur. Albert Langen Verlag, München 1920.

Rachel, Hugo: Kulturen, Völker und Staaten. Sieben-Stäbe-Verlag, Berlin 1931.

Rörig, Fritz: Vom Werden der Hanse. Köhler & Amelang, Leipzig 1940.

Rörig, Fritz: Mittelalterliche Weltwirtschaft. G. Fischer, Jena 1933.

Ruhland, Gustav: System der politischen Ökonomie. Goslar 1941.

Scherer, Dr. Theol. E. G.: Die Straßburger Bischöfe im Investiturstreit. Verlag Joh. Tinner, Bonn 1923.

Scherr, Johannes: Deutsche Kultur- und Sittengeschichte. Hesse & Becker, Leipzig 1938.

Schuster, E.: Die deutsche Mark von 1914–1924. Philatelistischer Verlag, Nürnberg.

Schwarz, Fritz: Segen und Fluch des Geldes in der Geschichte der Völker. Pestalozzi-Fellenberghaus 1932.

Stein, Dr. Werner: Kleiner Kulturfahrplan. Verlag Walter Kahnert, Berlin 1950.

Stöckel, Dr. Hermann: Geschichte des Mittelalters und der Neuzeit. Carl Koch-Verlag, Nürnberg 1925.

Suhle, Arthur: Das Münzwesen Magdeburgs unter Erzbischof Wichmann 1152–1192. Magdeburg 1950.

Suhle, Arthur: Die Deutschen Münzen des Mittelalters. Verlag der Kunstwissenschaft, Berlin.

Weil, Alexander: Der Bauernkrieg. Gustav Kiepenheuer, Weimar 1947.

Zischka, Anton: Wissenschaft bricht Monopole. Wilhelm Goldmann Verlag, Leipzig 1938.